孤独を貫け

小林よしのり
Kobayashi Yoshinori

「読書のすすめ」店主
清水克衛
Shimizu Katsuyoshi

イースト・プレス

はじめに――この本が「思想の深化」の第一歩となる

清水克衛《しみずかつよし》

突然ですが、しょっぱなから昔々のある男のお話をさせてください。

あるところに合理的な男がいました。

その男は、「無駄な時間を省きたい」「合理的に一刻も早く成功したい」と、そればかりを考えながら日々を過ごしていました。

ある朝、男が家を出て駅に向かって歩いていると、急にウンチがしたくなりました。

「困ったな……」とは思ったものの、駅まで行くか、自宅に戻らなければトイレはありません。駅までしばらくかかるし、自宅に戻る時間はもったいない。

あれこれ考えるうちに、ウンチが顔を出しそうになってくる。そこで、「近くの草むらで野ぐそをしちゃえ！」と思いました。

その草むらは広く、草は背が高くて、男がしゃがむとちょうど体が隠れるくらいでした。「これはいい塩梅《あんばい》だ！」と、男は人目に隠れてウンチをしだしました。

そのとき、ふっと時計を見たら、ちょうど昼飯どき。ウンチをするのに時間を取られたうえ、昼飯を食べるのに、さらに時間を取られるのはもったいない。

そう思った男は、「そうだ！　ウンチをしながら昼飯も食べちゃえば、一石二鳥じゃん！　なんて合理的なんだ」と思いつきました。そこで、カバンの中からおにぎりを取り出し、ウンチをしながら一口食べました。

するとあろうことか、つる〜っと手からおにぎりがすべって、ウンチの上にぽとりと落ちてしまいました。

びっくりした男は、しばらくじっと見つめていましたが、こう言いました。

「これはすごい時間の節約になった。これはすごい近道だ」

以上、拙著『商売はノウハウよりも「人情力」』（現代書林）より。

どうですか、みなさん。笑えるお話ですね。

しかし、これが最近、どうも笑えない世の中になってはいないでしょうか。

当たり前のことですが、食べ物は良く噛んで、飲み込んで、内臓を通るうちに私たちの体のエネルギーとなって、はじめて力へと変化します。幼稚園の先生も、よくそうおっしゃっていましたよね。

咀嚼《そしゃく》することが大事なのです。現代の世の中は、効率ばかり優先されて、「そもそも、何で〝それ〟をするのか？」と考えもせず、咀嚼が面倒だから素通りでいい、余計なことを考えるのは効率的ではないと、そんな考え方がまかり通っています。

それでは、ますます人の頭は幼稚になるばかりです。子供の頃、幼稚園の先生に口を酸っぱくして言っていただいたことが、忘れられてしまっています。

物事が簡単・便利になればなるほど、人は頭を使わなくて済んでしまいます。

そんな皮肉なパラドックスが起きているのが、現代なのでしょう。

最近、私の店に来られるお若い方にこんな質問をしています。

「特攻隊と9・11のテロリストとの違いは、なんだと思う?」

さて、この質問をすると、ほんとんどの方は「ん〜」と言って唸《うな》ります。パッと答えられないのです。

まあ、そんなことを言う私ですが、実は偉そうなことは言えません。私も戦後教育をどっぷりと受けてきた一人で、本を読んでいくうちにその違いをやっと理解できた、似非《えせ》日本人だったのですから。

最近は、「特攻隊は日本の恥だ」という若者がいると聞きました。なんと恐ろしいことなのでしょう。きっとそういう若者は、自分の頭で考え、咀嚼してモノを考える習慣を失っているのでしょう。少し学べば、明確にわかることだと思うのですが……。

それと、最近もう一つ怖いことがあります。「この本、難しくないですかね?」と、本をパラパラとしながら、ざっと見で私に尋ねてこられる方が多いのです。

そんなとき、いつもこうお答えするようにしています。

「パラパラっと見て、簡単そうだ、理解しやすそうだと自分で思うような本の内容は、すでにもう自分が理解していることなのではないですか。パラパラッとページをめくって、**何だか難しそうだと思うような本にこそ、自分の思考を超えた、新たに得られるかもしれない知恵が書いてあるはず**ですよ。だから、ちょっと難しそうだなと感じる本を読んだほうが、ずっとお得なはずです」

「本は心の栄養」という言葉があります。しかし、その栄養を自分の力に変えようとしたところで、簡単だと感じる本ばかり読んでいては、ウンチの上におにぎりを落とすようなものです。これでは、心の栄養失調になるでしょう。

栄養失調ならまだ回復する見込みはありますが、これが過ぎると心はカサカサに干からびて、そのうち亡骸《なきがら》となってしまいます。とても恐ろしいことですね。

少し難しそうだと感じるような本は、しっかりと咀嚼しながら読まなければならないし、自分自身の孤独な世界に入り込まなければ、心の栄養としては働きません。読書とは、孤独になる行動でもあるのです。

頭山満《とうやまみつる》という、明治から昭和にかけて活躍した思想家がいます。ぜひ、多くの方に知っていただきたい人物です。詳しくは、小林よしのりさんの『大東亜論』第一・二部として本になっているので読んでくださいね。

さて、この頭山満翁、つねづね若い方に**「孤独を怖がるな」「一人でも寂しくない人間になれ」**と言っていたそうです。「人に依存するのではなく、自らの心の中に思想や哲学を落とし込み、自らが光を放つ人間になれ！」、そう後世の我々の背中を押してくれているのです。

現代はＳＮＳなどで、人と人との横のつながりが容易になりました。これも進歩の一つでしょう。しかし、その反動とでもいうのでしょうか。「みんなと」ばかりが重要になってしまって、孤独になる時間を見つけるのが大変な世の中です。

小林よしのりさんは、子供の頃、病弱だったため、離れの部屋をあてがわれ、孤独な時間を過ごしたといいます。その中で、今につながる「思想の種」ができ上がったのではないかと思っています。

孤独になる時間は必要なのです。ところがいまや、孤独になるのはトイレの中だけですかね（笑）。

これからの世の中は、誰がみても明らかなように急激に変わっていきます。少子高齢化、原発を含めたエネルギー問題に、環境問題、収まらないテロ攻撃。こういう世の中だからこそ、自分自身の思想や哲学を、一人ひとりが練り上げていかなければならないのです。

ダチョウは危険が迫ったとき、頭を砂に突っ込んで危険を見ないようにするという話を聞いたことがあります。どこかの誰かが作った思想に踊らされているだけでは、思想の奴隷状態か、このダチョウです。

そんなのは嫌ですよね。少なくとも私はぜったいに嫌です。

読書とは、孤独な時間を創ることです。**孤独な時間は、思想を深く深く深化してくれます**。あなたの心の根っ子を、力強いモノにしてくれます。

この小林よしのりさんとの対談は、みなさんの思想の深化の第一歩になることでしょう。さて、読後のみなさんとお会いできることを、わくわくしながら楽しみにしております。

孤独を貫け　目次

2章　もっと「孤独」になるべし

3章 これが真の「革命」だ

構成　岡田仁志
装幀　フロッグキングスタジオ

1章

誤解される「小林よしのり」

読みもしないで批判をするな

清水 このたびは対談企画をお引き受けいただき、ありがとうございます。突然、不《ぶ》躾《しつけ》にお手紙をさし上げたときは、こんなにすぐ実現するとは思っていませんでした。でも、引き受けてくださるんじゃないかな、という予感は少しありました（笑）。

小林 お手紙を拝読したら、わしの本をよく読んでくださっているばかりか、お客さんに薦めてくれているというので、感激しました。それに、**わしの本を読まずに「変な偏見を持つ読者がいる」**と書かれていたのを見て、「たしかにそうだな」と思ったんですよ（笑）。たとえば昨年（二〇一五年）にＳＥＡＬＤｓ[*1]の若者と初めて対面したときも、いきなり謝罪を求められた。

清水 いったい何を「謝れ」というんですか？

小林 「ネトウヨも安倍政権も小林よしのりがつくった」「あなたは『戦争論』（幻冬

舎）を書いたことを反省しないのか」という話。会うなりそこから始まったので、ものすごくビックリしましたよ。わし自身は、どちらかというと彼らを擁護したい気持ちがあったから。まさか謝罪を求められるとは思わなかった。

清水　なぜ擁護しようと思われたんですか？

小林　ＳＥＡＬＤｓが登場したときに、保守の側が「そんなことをしていると就職先なくなるぞ」などとガンガン批判していたから、「それは言いすぎじゃないか？」と思っていたんですよ。**わしはネトウヨや在特会などの差別主義や排外主義が嫌いで、劣化した右翼とは違う若者が出現したのかと期待してしまったんです。**もちろん、その一方で、彼らの運動には警戒心も持ったんですけどね。わしは薬害エイズ事件の経験があるから、学生たちが運動やデモに関わることの危うさも知っているわけ。

清水　その顛末《てんまつ》は『脱正義論』（幻冬舎）で読みました。

小林　あのときは、いろんな市民団体や左翼団体が近寄ってきて、学生たちがそこにオルグされてしまう危険もあったんですよ。ＳＥＡＬＤｓもそれと同じことになりかねないから、ちょっと忠告しておきたい気持ちもあった。ところが、ある出版社のセッティングで行ってみたら、いきなり謝罪の話から入れという始末です。

清水　どうしてそういう話になってしまうのでしょう。近ごろ、善と悪というレッテルを簡単に貼りすぎるきらいがありますよね。そういうのを、禅の世界では「二見《にけん》に堕《だ》す」といって、本来はあまりほめられたことではないんです。

小林　いったい彼らが『戦争論』をちゃんと読んだのか、読んだとしたら、どのように読んだのかがわからない。

清水　読みもせずに先入観を持ってる人も多いんじゃないですか。

小林　最初の『戦争論』が出たのは、もう一七〜八年前だからね。いまの学生はそんなに読んでいないかもしれない。清水さんはいつごろから、わしの本をお店で薦めてくれるようになったんですか？

清水　二〇年前に「読書のすすめ」という書店を始めたときからずっとです。いままでは、近所に住んでいる小学館の営業担当者が「**小林先生の本を日本でいちばん売ってるのはここかもしれない**」といってくれるほどになりました。最近も『大東亜論』（小学館）が三〇〇〜四〇〇冊ぐらい売れています。頭山満翁[*2]の話はほんとしびれますね。

小林　それはすごい。ありがたいことです。だけど、店主が客に本を薦める書店というのは珍しいよね。

清水　うちの店は江戸川区の篠崎というところで、駅から歩いて六～七分。立地条件はあまりよくないと人様からよく言われるのですが、その場所を自分で選んだわけではないんです。じつは私、大学時代は柔道部でバリバリやっていまして、その柔道部の先輩がそこにマンションを建てたんですよ。それで、「一階をテナントにしたから、おまえ、ここで何かやれ」という。先輩には「はい」としか答えられませんから（笑）、しかたなく本屋をやることにしたんです。ところが、取次に「こんなところで本が売れるわけないだろう。バカじゃないのか」と大反対されたんですよ。腹が立ったので、**「売れないなら自分で薦めればいいじゃないか」**と思い、屋号も「読書のすすめ」にしました。

小林　二〇年前だと、『戦争論』より前だね。

清水　ちょうどオウム真理教事件[*3]のころです。当時は、教団の本を出していたオウム出版の営業マンもよくうちに来ていました。素直でまじめでいい奴でしたよ。だから

「おまえ、目を覚ませよ」とか「君のような立派な人間は、あんな危なっかしい宗教から離れて、自分で宗教を始めればいいじゃないか」なんて説教してたんです。小林先生がオウムに襲われたと知ったときは、これは俺もヤバいかもしれない……と、少し怖くなりましたね（笑）。それはともかく、小さな店ですけど、二〇年やっているうちに、全国からいろんな人たちが来てくれるようになりました。

小林　わしの本を薦めたときの反応はどんな感じですか？

清水　最初は「えっ？」と怪訝《けげん》そうな顔をする人が多いですね。

小林　まあ、**世の中がナショナリズムを悪しきものとして否定してきたから、警戒する人は多い**んだろうなぁ。

清水　それで「読んだことあるの？」と聞くと、読んでないんですよ。そこに何が描かれているかも知らずに、妙な先入観を持ってるんでしょうね。

＊1　ＳＥＡＬＤｓ（シールズ）　学生団体「自由と民主主義のための学生緊急行動」（Students Emergency Action for Liberal Democracy's）の略称。安倍内閣が推進した安保法制に反対する、国会前での抗議デモを主催。

＊2　頭山満（一八五五－一九四四）　明治から昭和初期にかけて活躍したアジア主義者の巨頭。玄洋社の総帥。韓国の金玉均、中国の孫文、インドのラス・ビハリ・ボースなど、日本に亡命した民族主義者や独立運動家の援助にも積極的だった。

＊3　オウム真理教事件　麻原彰晃（本名・松本智津夫）を教祖とするオウム真理教が八〇年代末期から九〇年代中期にかけて起こした一連の事件。坂本堤弁護士一家殺害事件（八九年）、松本サリン事件（九四年）、地下鉄サリン事件（九五年）を「オウム三大事件」と呼ぶこともある。

小林よしのりは「右」か「左」か

小林　最近はその先入観も多様化してますよ。「ゴー宣道場」[＊4]に呼んだことのある元共産党員の松竹伸幸《まつたけのぶゆき》[＊5]さんが、ＮＨＫに「自分と小林よしのりが韓国に行って慰安婦の取材をするから、それで番組を制作してくれないか」と企画を持ち込んだそうなんです。そうしたら、ＮＨＫのスタッフに「小林よしのりは左翼だから駄目だ」といわれたんだって（笑）。たしかに、松竹さんは左翼なんだけどさ。

清水　いろんな意味でねじれてますね。ＮＨＫが「右翼だから駄目だ」というなら、まだわかりますけど。

小林　そうそう。ちょっと前までは、ネトウヨがＮＨＫを「左翼だ」「反日だ」と攻撃していたからね。ところが安倍政権ができると、*6百田尚樹《ひゃくたなおき》や*7長谷川三千子《はせがわみちこ》みたいな安倍政権の支持者が次々とＮＨＫの経営委員会に入った。すると、安倍政権を批判する人間は「左翼」ということになってしまった。だからわしも、ＮＨＫから見ると左翼になってしまうわけ。**左翼側からは「ネトウヨの生みの親」といわれ、ＮＨＫからは左翼といわれる**んだ。

清水　いまの時代は、安易に「右」だの「左」だのと分けることにあまり意味がありませんよね。その前に、まずは「そもそも論」を考えなければダメだと思うんです。それがないと、知らないうちに流されてどこかに運ばれてしまう。その「そもそも」を考えるのに必要なのは、右でも左でもない「中庸」の感覚だと思うんですけど、小林先生の本にはそれがあります。

小林　なかなか珍しい評価です（笑）。清水さんのように二〇年も前からわしの本を全体的に読んでくれている人は、そう思ってくれるんですよね。『戦争論』の前には『脱正義論』や『差別論』があったわけだから。でも実際には、『戦争論』が売れすぎちゃったせいもあって、それ以降のわししか知らない人が多いんです。

清水　そうなると、かなりイメージが違いますよね。

小林　しかも、最近になって『戦争論』を読んだ人たちは、わしが最初にそれを描いた当時の感覚がわからない。あの時代の日本は左翼的な言論が圧倒的に優勢で、大臣が「戦前の日本は韓国でよいこともした」と発言しただけでクビが飛んでいたんですよ。愛国心やナショナリズムが極端に否定されていて、昔の日本はとにかく悪いことしかしなかったといわれていた。**戦前、戦中の日本を肯定的に評価する発言は、ほとんどタブーだった**わけ。

そういう時代の空気の中でわしがあの『戦争論』を描いたことの意味は、いまではわかりにくいでしょ。そういうこともあるから、わしの本をいつ、どこから読んだかによって、見方が違ってくるんだよね。

清水　うちの店に来る人たちには、あえて「逆のものさし」を持とう、という話をします。『大東亜論』にも、そういうエピソードがありましたよね。頭山満が船に乗っていて、みんなが同じ景色を見ているときに、**「わしはこっちにひとりで立つんだ」といって、別の景色を見る。**なんでも「右」「左」に色分けしないと気がすまない人たちには、ああいうセンスが必要だと思います。

小林　たしかに、バランス感覚は必要なんですよ。右翼とか左翼とか、ある程度は考え方の傾向があるとは思うんだけど、バランスを失うとどんどん偏っていく。いったんタカ派のほうへ傾くと、暴言や放言が快感になったりするんだよね。だから保守論壇誌は過激なあおり方を考えるんですよ。

清水　過激にしないと売れないから、どんどんエスカレートするんですね。

小林　そうなんですよ。ネットの中なんかは自主規制がないから、もっとひどいことになる。最後はヘイトスピーチまで行っちゃうんだよね。

＊4　ゴー宣道場　小林よしのりが主催する道場。「身を修め、現場で戦う覚悟をつくる公論の場」を道場開設の

主旨とし、原則として隔月第二日曜日に開催される。第一回は二〇一〇年四月に開催された。

*5 松竹伸幸（一九五五・）　ジャーナリスト。日本共産党国会議員秘書、政策委員、政治・外交委員会副責任者、安保外交部長などを歴任するも、自衛隊に関する見解の相違から二〇〇六年に退職。現在、かもがわ出版編集長。

*6 百田尚樹（一九五六・）『探偵！　ナイトスクープ』などの放送作家として知られ、二〇〇六年には『永遠の0』（講談社）で小説家デビュー。安倍政権の支持者で、二〇一三年一一月から二〇一五年二月までＮＨＫ経営委員を務めた。

*7 長谷川三千子（一九四六・）　政治評論家、哲学者。埼玉大学名誉教授。男女共同参画社会に批判的な立場をとり、選択的夫婦別姓制度にも反対。二〇一三年、ＮＨＫ経営委員に就任。

「ゴー宣」すら読めなくなった現代人

清水　右も左も、単に自分たちの立場を守るために言い合いをしているようにしか見えません。しかし「そもそも論」でいえば、まず考えなければいけないのは**「日本の**

ために何をするか」ですよね。先生の本は根底にそれがあるから、読んでいてスッキリするんです。

小林　たしかに最近の論壇は、「日本のために何をするか」よりも、自分は左派・リベラルと決めたら、その立場・ポジションを守る、逆に自分が右派・保守派と決めたら、その立場・ポジションを守るという「ポジション・トーク」になっていますね。根底に何があるか理解しないで、「右」とか「左」とかのレッテルを貼って分類し、自分とは逆の立場の意見を聞こうとしない。小林よしのりの評価は、各派論壇村の評価で合わせる。

そもそも最近では、一冊の本をきちんと読むことができないんだ。『ゴーマニズム宣言』なんか、漫画とはいえ文字が多いでしょ？　ところがいまはツイッター上の議論に慣れてしまった人が多いから、なんでも二～三行程度で言えるはずと思ってる。**ふだんから「二～三行の論壇」で議論している人には、もはや「ゴー宣」すら読めない**んですよ。

清水　先生の本にも、「昔は電車の中で漫画を読んでいると批判されたけど、いまはスマホになっちゃって、漫画さえ読まれなくなった」と書いてありましたね。実際、電車に乗ると、まわりの人が全員スマホを見ていることも珍しくない。おかしな宗教の教典かなんかを、みんなで読み合わせているかのような不気味さがあります。

小林　二〇年くらい前までは、サラリーマンがみんな電車の中で漫画を読んでたんだよね。それに対して*8西部邁《にしべすすむ》が「電車の中で漫画なんか読むのはみっともない」というから、わしは漫画家として「ふざけるな」と言い返すような状態があったのよ。けれども価値相対主義は危ないとわしも思い直し、価値の順位はあるとして、まずは活字を読む力が必要、それからサブカルである漫画を読むべしと考えを変えた。しかも電車の中くらい「公共心」を優先させれば、大人が漫画ばっかり読みふけっているのもみっともないと思うようになった。そこで西部邁とは「価値観はわかります」と握手したわけだ。

ところがあれから二〇年ほど経つと、いまは電車の中で、誰も漫画なんて読んでない。子どもですら漫画を読まずにスマホをいじってますからね。じつは漫画を読める人たちは活字も読めたんですよ。それが実態だったということが、最近わかった。スマホやネット言論は、活字を読めなくしてしまうどころか、宮台真司《みやだいしんじ》[*9]によれば、「感情の劣化」を促進してしまった。それでヘイトスピーチが生まれるわけです。

清水　そのせいか、出版社がつくる本の内容も変わってきましたよね。よくお客さんにもいうんですが、「簡単」「便利」「サルでもわかる」が売りの本ばかりになっています。読めば安直に答えが見つかるような本が多いんですよ。そんなものばかり読んでいたら、みんな「サル頭」になってしまう。だから、「もう少し難しい本を読みましょうよ」と薦めているんです。

小林　サルでもわかるじゃ、レベルが低すぎるわな。せめてヒトでもわかるにしてほしい(笑)。

清水　でも、レベルの高い本を「これ面白いですよ」と薦めると、すぐに「難しそうですね」と敬遠する人が多いんです。でも、**そもそも読書は「答え」を探すものではなく、自分なりの「問い」を見つけるもの**だと思うんですよ。そういう前提で読めば、難しそうな本でも怖じ気づくことはないでしょう。

　うちの店に来る読者は、そういう人が増えてきましたね。先日も、高校二年生の女の子が北海道から来て、四万円以上も本を買っていきました。どれも難しそうな本ばかりなので、さすがに「大丈夫なの？」と聞きましたけど、「私、難しい本が読みたくてここに来たんです」とキッパリというんです。凛《りん》として、いい顔してましたよ。読む本によって、その人の顔がつくられるんだなと実感しました。

＊8　西部邁（一九三九-）評論家、思想家。元東京大学教養学部教授。かつては『朝まで生テレビ！』（テレビ朝日系列）の準レギュラーだった。『反米という作法』（小学館）、『本日の雑談』1〜8（飛鳥新社）など、小林よしのりとの共著も多い。

＊9　宮台真司（一九五九-）社会学者。九〇年代はリベラルを名乗っていたが、二〇〇〇年代以降は天皇主義にもとづく思想を展開している。著書に『終わりなき日常を生きろ――オウム完全克服マニュアル』（ちくま文庫）、『援交から天皇へ―― Commentaries 1995-2002』（朝日文庫）など。

若いときこそ「難しい本」を読め

小林　**若いときには、難しい本を読んだほうがいい。**それ、すごく大事なんですよ。全然わからないぐらい難しくても、必死で文字を追っていると少しは何か引っかかるものがあるんだよね。それだけで読んだ気になってしまう感覚って、意外に大事だと思う。でも、社会人になったら、そんな読み方はできなくなるでしょ。だから大学生ぐらいのうちに、難解なものに挑戦しておくべきなんだよ。わしもサルトル[*10]やハイデッガー[*11]などの哲学書を、カッコつけだけで読んだものです。

清水　「ゴー宣道場」のほうは、若い人が増えているんですか？

小林　学生はちらほらですね。三〇代でも若いほうです。結局、ネット社会になって、本を読むなら流行《はや》りのエンターテインメントくらい。古典や哲学書を読む若者が減って、社会のことを考えたりする人間の年齢層が上がってるんですよ。ネトウヨ的な人間たちの多くも、若者っぽいイメージはあるけど、じつは四〇～五〇代の中年のおっさんでしょ。もちろん、論壇的なところで発言してるのは団塊の世代より上の人間ばかり。それに比べると「ゴー宣道場」は若いけど、わしはもう時事評論的な「ゴー宣」を描いていないから、若い読者はあんまり増えないんだよね。

清水　だから、ＳＥＡＬＤｓの学生たちも小林先生のことを誤解するんでしょうね。

小林　**本を読まずに、ツイッターやＬＩＮＥだけで情報を仕入れている若い連中が、デモをやっているんだと思うよ。**複雑な社会の問題は考えていない。だって、ほんの数年前には、＊12古市憲寿《ふるいちのりとし》の『絶望の国の幸福な若者たち』という本が評判になってたんだからね。「若者は日本が絶望の国だと知っているけど、全然不幸じゃない」という話。パソコンさえあればほしいものはネットで買えるし、人との絆《きずな》もネットの中で持てるから、いまの若者は現状に不満を持っていない、と古市は書いていたわけ。それを聞いて、ひどい世の中だと思ったよ。若者が将来のことを考えたら絶望的なのに、不満がないというんだから。わしは若者のために将来の日本をよくしたくて発言をしていたつもりだけど、彼らが不満を抱いていないんじゃ意味がないとも思ったよね。

ところが、それから何年も経たないうちに、政治に目覚めたらしき若者がデモをやり始めた。だけど、本当に政治に目覚めて社会のことを考え始めたのかどうか疑問だよね。彼らの演説は、ムチャクチャなんですよ。「家に帰ったらお母さんがご飯をつくってくれる、この幸福を守りたい」とか「仕送りしてくれるおばあちゃんに、ありがとうと電話をするこの幸福を守りたい」とか、安保法制と何も関係がない極私的な情緒だけを叫んでるの（笑）。

　単に、将来に対する漠然とした不安があるだけだから、ものすごくプライベートなつぶやきを公の場でやっている。電車の中で化粧をするのも極私的で恥ずかしいし、公の場でお母さんにご飯をつくってもらう幸せを語るのも極私的で恥ずかしいのに、羞《しゅう》恥心《ちしん》とは何ぞやということすらわからなくなっているわけ。「感情の劣化」ですよ。社会問題を考えるきっかけになるような本も読んでないね。

清水　そうですね。だから、**この対談は若者が本を読むきっかけになればいい**と思うんです。

＊10　ジャン＝ポール・サルトル（一九〇五‐一九八〇）　フランスの哲学者、小説家。「実存主義」の思想で知られる。小説『嘔吐』（人文書院）などの作品で知られる。
＊11　マルティン・ハイデッガー（一八八九‐一九七六）　ドイツの哲学者。主著に『存在と時間』（岩波文庫ほか）、『形而上学とは何か』（理想社）などがある。
＊12　古市憲寿（一九八五‐）　社会学者。東京大学大学院博士課程在籍。著書に『絶望の国の幸福な若者たち』（講談社）、『だから日本はズレている』（新潮新書）などがある。

「予定調和」を壊さないと面白くない

小林　清水さんは、どうやって若者に本を読ませているんですか？　わしの本を買わせるための洗脳の方法があるなら、ぜひ聞いておきたい（笑）。

清水　洗脳なんかしてませんよ（笑）。うちの店では、本を読んでもらうためにいろいろなテーマを掲げていますが、そのひとつが「ＮＷＢ」というキーワード。**「泣かす、**

笑わす、ビックリさせる」の頭文字で、そのどれかがある本を薦めたいと思うんです。
小林先生の場合は、何よりも「ビックリさせる」の度合いがものすごく大きいですよね。ふつうの人がいわないことをいったり、世間の常識と違うことを教えてくれるので、驚かされるんですよ。たとえば僕が『ゴーマニズム宣言』を読み始めたころなら、オウム真理教の話がそうでした。いろいろな事件が明るみに出る前は、マスコミや有識者があの教団を評価してチヤホヤしていましたが、小林先生だけは「違うぞ」とおっしゃっていましたよね。

小林　わしは『東大一直線』や『おぼっちゃまくん』というギャグ漫画を描いてるときから、**世間と同調せずに「王様は裸だ！」と指摘するのが、自分の役割**だと思ってるからね。『ゴーマニズム宣言』もその延長線上です。

清水　また、知らなかったことを教えられるのも驚きですよ。たとえば『新戦争論1』で描かれた日系ブラジル人社会の話も、まったく知らなかったので本当にビックリしました。日本が連合国に戦争で勝ったと信じる人たちのことを「勝ち組」というなんて知りませんでしたし、そんなウソの情報を流す新聞があったのも驚きです。[＊13]立川談《たてかわだん》

あ
志《し》の「新聞で正しいのは日付だけだ」という名言を思い出したりもしましたけど、あいう知識を多くの人たちに持ってほしいと思いますね。

だから僕は、もともと小林先生のファンではない人たちに、積極的に薦めるんです。実際、それまで小林先生の名前しか知らなかった人でも、僕に薦められて読むと「面白かった」と感動していますよ。これほどビックリさせてくれる人は世の中にそんなにいませんから、当然だと思いますけど。

小林　自分でいうのもなんですが、**わしほど食わず嫌いの人が多い作家はいない**と思うので（笑）、そうやって薦めてくれるのは本当にありがたいですよ。ある書店にイベントで呼ばれたときも、担当してくれた三〇代くらいの女性店員が、「いままで私、先生の本を読んだことなかったんです」というのよ。「読んだら影響されちゃいそうで、怖くて読めなかった」って。食わず嫌い撲滅運動をしたいですね（笑）。

清水　影響されるかどうか、読まないとわかりませんよね。「怖い」というイメージを持たれるのは、小林先生の洒落《しゃれ》がわからない人が多いからかもしれません。もちろん先生はいろいろなことをまじめに論じているんですが、ギャグ漫画家らしい洒落もありますよね。読んでいて、思わず「ククク ッ」と笑ってしまうような表現がたくさんある。そのあたりの感覚が通じない人がいるから、怖いイメージが先行してしまうんじゃないでしょうか。

小林　たしかに、**「純粋まっすぐ君」的なまじめな人は多い**かもしれない。

清水　たとえば小林先生は、安倍総理の顔を面白おかしく描かれたりするじゃないですか。ああいうのは洒落として受け取ればいいのに、「こんなひどい描き方をするのはけしからん」と怒る人がいるんですよね。

小林　まあ、嫌いな奴のことはひどい描き方するからね（笑）。

清水　もちろん描かれた本人が怒るのはわかるんですけど、第三者がムキになって怒るのはよくわかりません。それこそ、先ほど名前を挙げた立川談志なんかも、そういう面がありましたよね。芸としてやっていることにまじめに反応して、「あいつは生意気だ」「不謹慎なことばかりいう」などと怒る人は少なからずいましたから。

小林　談志も、すごく誤解されやすい人だったよね。芸としての毒舌をストレートに「怖い」と感じる人はかなりいたでしょ。政治家としても、二日酔いのまま記者会見に出てきて、「公務と酒とどちらが大切なんだ」と質問した記者に「酒に決まってんだろ」と答えたりしてたから、ムチャクチャだわ(笑)。

清水　何をいうかわからない人でしたよね。

小林　そうそう。何をいうかわからない人間は、怖がられるんだよ。

清水　高座でも、平気で枕を一時間くらいやっちゃったりしますから。お客さんは「いつ始まるんだろう」と不安になる。

小林　要するに、予定調和を壊す人間なんだよね。

清水　小林先生の本も、まさにそれがありますよね。じつはうちの店でも、それをひとつのテーマにしてるんですよ。さっきは「ＮＷＢ」でしたけど、こちらは「ＳＡＬ」。**「スピード、アドリブ、ライブ」**の頭文字ですね。そういう要素を大事にして、予定調和を壊さないと面白くない。

小林　それは本当にそうだと思いますよ。

清水　[*14]秋元康《あきもとやすし》さんも、テレビでそんなことをいってましたね。ある対談イベントで、本番前に主催者が対談相手を楽屋に連れてきたんです。そこで秋元康さんは、「なんでここで連れてくるんだ。舞台でいきなり会ったほうが、予定調和にならずに面白いものができるのに」と怒るんですね。たしかにそうだな、と思いました。

小林　でも、一般の人たちは予定調和が好きなんだよね。それが壊れると不安感にとらわれてしまうんでしょう。だから、わしみたいな人間の本を読むと、「自分のアイデンティティがぐらついてしまうかもしれない」という恐怖を感じるんじゃないかな。**予定調和を壊す本よりも、自分の考えを「それでいいんだ」と裏づけてくれる本を読んで安心したい。**だから「左」の人も「右」の人も、それぞれ同じような本ばかり読むんだよね。いわゆる「嫌韓本《けんかん》」が売れるのも、そういうことでしょ。どれも似たようなことしか書いてないんだから。

＊13　立川談志（一九三六 - 二〇一一）　落語家。立川流家元。一九七一年、参議院選挙に無所属で出馬。当選後は自由民主党に入党。三木内閣では沖縄開発庁政務次官に就任したが、二日酔い記者会見をきっかけに辞任。

＊14　秋元康（一九五八 - ）　作詞家、放送作家。元京都造形芸術大学副学長。アイドルグループ、ＡＫＢ48の総合プロデューサーとしても知られている。

「非まじめ」な生き方のすすめ

清水　ロボット研究者の森政弘[*15]さんの本に、「三性《さんしょう》の理《り》」という言葉が出てきます。**ものごとには善悪の両面があるというけれど、もともとは善でも悪でもない「無記《むき》」であって、それが人間の都合で「善」と「悪」になる**――という仏教の考え方があるんですね。たとえば石ころは本来「無記」ですが、人に投げつければ凶器という「悪」になり、石器のような道具として使えば「善」になる。ものごとにはそういう三つの性質があると考えるわけです。

小林　無記の状態には、善も悪も含まれているという感じですね。

清水　はい。この「三性の理」的な考え方ができないと、矛盾が解決できないんですね。善と悪、右と左といった対立軸では矛盾を解決する知恵が出ないから、もうひとつ上の次元にあるものが必要になる。そこで森さんは、人間にも「まじめ」とも「不まじめ」とも違う「非まじめ」という性質があるべきだとおっしゃいます。「まじめ」か「不まじめ」かという二項対立で人間を見てはいけない。まじめな人間は戦争を起こすし、不まじめな人間は犯罪を起こすから、**両方を含んだ「非まじめ」な生き方がいちばんよい**というわけです。

小林 なるほど、それはすごく面白い。

清水 小林先生の本は、まさに「非まじめ」だと思うんですよ。まじめな議論がある一方で、「ともだちんこ」みたいな不まじめな部分もある(笑)。それに、「右か左か」といった単純な二項対立でもありませんよね。右も左も、それぞれ批判すべきところは批判なさるじゃないですか。そういう「三性の理」的な意味が読み取れない人は、勝手に「右」とか「左」とか色分けして怖がるのかもしれません。

小林 たとえば『朝まで生テレビ!』(テレビ朝日)みたいな番組では、しゃべれることにもかぎりがあって、自分の本性をさらけ出せないんですよ。だから、ひたすら「まじめ」な人間だと勘違いされるわけ。でも、ふだんのわしは決して品行方正じゃないからね。スタッフとの雑談や編集者との打ち合わせの席なんかでは、気に入らない奴らのことをボロクソに叩きながらしゃべってるの。悪ふざけ全開ですよ(笑)。もちろん、その毒舌の中にまじめな考察も含まれているわけで、まさに**「まじめ」と「不まじめ」がごちゃ混ぜになった「非まじめ」な存在**かもしれないね。ネットの生放送なんかだと、つい地が出てしまってムチャクチャなことをしゃべるから、ふだんのわしを知らない視聴者はそれを見て、「よしりんは酔っ払ってる」とか書くんだよ。

清水　しらふとは思えないぐらいのギャップがあるんですね(笑)。

小林　わしの場合、デビュー作の『東大一直線』のときから、そういう二面性があったんだよね。あの作品は、いつもオチをものすごくシビアな言葉で締めるスタイルだったんだけど、それはギャグ漫画の原則から外れていた。さんざんギャグを詰め込んだあとで、笑っていいのか深刻に受け止めるべきなのかわからないオチが来るので、読者としては最後にちょっと考え込まされちゃうわけ。

清水　最初から、そこが小林作品の魅力だったんですね。

小林　そういう作風からスタートしているから、「ゴー宣」に登場する小林よしのりも、ものすごくいい加減なキャラだったり、ものすごく暴力的なキャラだったりするんだ。

だから、読者の中には「本当に過激で好戦的な人間なのか、あるいは平和主義者なのか、よくわからない」という人もいる。「非まじめ」的なニュアンスがわからないと、つかみ切れないいんだろうね。

清水　とくに最近の社会は「まじめ圧力」みたいなものがどんどん強まって、すぐに「不謹慎だ」などと叩かれますからね。

小林　うん。それは本当に感じます。

清水　昔のお笑い番組はかなり激しくて、『8時だョ！　全員集合』[*16]なんかでも人の頭をバンバン叩いてましたが、いまなら怒られますよね。不まじめでも非まじめでもなく、「クソまじめ」な日本人が増えているのかな。とにかく、洒落が通じない人が多いような気はします。

だいたい人間は完璧じゃないでしょう。**洒落が通じない世の中は、本当に生きづらい**ですね。その傾向に歯止めをかけるべく、読書を通じて多くの人に警鐘を鳴らしていきたいと思っています。

＊15　森政弘（一九二七-）　工学者。東京工業大学名誉教授。ロボットコンテストの創始者としても知られ、「ロボコン博士」の異名を持つ。著書に『親子のための仏教入門』（幻冬舎新書）、『退歩を学べ』（アーユスの森新書）などがある。

＊16　『8時だョ！　全員集合』　一九六九年から一九八五年まで、毎週土曜日二〇時からTBS系列で放送された、ザ・ドリフターズのコント番組。

「行間」に込めた含意を読み取れるか

小林　そういうのを含めて、行間に込めた含意を読み取れない人はいますよね。たとえば去年（二〇一五年）、南沙《なんさ》諸島を米軍の艦船が航行したとき、わしはそれを支持したんですよ。あんなところに中国が軍事基地をつくるのは暴挙であって、ベトナムやインドシナやフィリピンなどの東南アジア諸国にとってはこんなに恐ろしいことはない。共有の内海だと思っているわけだから、航行の自由が保障されなければダメですよ。ところが中国はそこに灯台までつくってしまって、航行の自由を規制しようとしている。中国が自分たちの領海だと主張する海域を米軍が突っ切ったら、局地戦が起こる可能性もあったけど、わしは米国を支持したわけ。

清水　そこが小林先生の面白いところですよね。一方で、アフガン戦争やイラク戦争では米国を批判している。

小林　うん。ちょうどそれと同じころに、米軍がアフガンからの撤退を断念するというニュースも流れたんだよね。明らかに失敗だったのに、もう撤退さえできなくなってる。自業自得ですよ。そもそもアフガン戦争は国連が集団安全保障で認めてしまったわけだけど、わしは最初から警告してたんだ。アルカイダを潰したいなら、秘密裏にビン・ラディンや幹部を殺害すればいい。軍事力を行使してアフガニスタンそのものを崩壊させてしまうと、泥沼の内乱状態になって、米軍は半永久的に撤退できなくなるぞ、と。

清水　その予言どおりの展開になっているわけですね。

小林　そうやって米国を非難していたわしが、南沙諸島の件で米軍を支持する発言をすると、すぐに「小林はブレてる」とか「やっぱり右派じゃないか」とか文句つけてくる奴らがいるんですよ。**局面ごとに評価が変わるのは当たり前なのに、それが理解できないんだろうね。**

清水 日ごろから人の考えにレッテルを貼って勝手に分類しているから、反米派はつねに反米的な発言をしてくれないと混乱するんでしょうね。

小林 そうなんですよ。右派なら米国のやることにはすべて賛成、左派なら反対しなきゃいけないと思い込んでるんだ。しかもわしは、南沙諸島の米軍航行について「日本の自衛隊が後方支援してもいい」とも発言したから、余計に混乱した人もいるだろうね。わしは以前から安倍政権や安保法制には批判的だったから、「これまであんなに批判していた安倍政権を擁護するのか」と思った人も多いでしょう。

でも、わしはその発言を通じて、安倍支持者たちを挑発してるわけ。安保法制に賛成する以上、南沙諸島のような事態で集団的自衛権を行使することにも反対できなくなるんだぞ、と。だって、あそこで米中の局地戦が始まったら、日本の存立危機事態だからね。シーレーン（海上交通路）の海域を封鎖されて関所をつくられたら、日本も韓国も台湾も存立危機ですよ。「安保法制を支持する奴らは、それに対して集団的自衛権を発動して、米軍を後方支援する覚悟があるのか？」「当然、その覚悟があったうえでの安保法制なんだよな？」と警告を発しているんです。世の中には、発言の裏側にあるそういう含意を見抜ける人と見抜けない人がいる。

清水　**ふだんから読書をしていないと、そういう行間に込められた意味までは読み取れない**ですよ。一四〇字のツイッターで断片的な意見ばかり見ていたら、深い読解力は身につかないでしょう。だから表面的な言葉だけ見て、「右か左か」「タカ派かハト派か」「反米か親米か」と人を単純に仕分けしてしまう。

小林　そういう単純化は、ものすごく問題だと思う。SEALDsの若者たちが「ネトウヨと安倍政権を生んだのは小林よしのり」と決めつけて、「つまり自分たちは、小林よしのりがつくった社会と戦っているんだ」と思い込むのも、極端な単純化思考の結果でしょう。どうしてそこまでものごとを単純化できるのかがわからん。

清水　そういう思考の人は、学校の勉強はよくできるタイプかもしれませんね。明確な答えを出すのは得意だから、なんでも簡単に白黒つけられると思っているんじゃないでしょうか。変に頭がいいから、二元論でしか考えられなくなっている。**0か1かのデジタル思考になっていて、そのあいだに無数の小数があることに気づけない。**

小林　そうそう。すっかりデジタル頭脳になっていて、アナログの感覚がないんだよ。だから、過去から現在までの流れも読むことができない。さっきもいったように、わしが『戦争論』を書いた当時は左寄りの自虐史観が支配的で、いまの言論界とはまったく違う状況だったんですよ。それに、当時はネットも未発達だったから、ネトウヨみたいな連中が活躍する場もなかったんだよね。

清水　ネトウヨの登場は、『戦争論』より、かなりあとのことでしょう。

小林　きっかけは、二〇〇二年の日韓ワールドカップなんですよ。あのとき韓国のやり方に腹を立てた人が大勢いて、ネットでも韓国批判が噴出した。そこでいわれていたことをパクってつくられたのが、*17山野車輪《やまのしゃりん》の『マンガ嫌韓流』でしょ。その『嫌韓流』がめちゃくちゃ売れたことで、ネトウヨが増殖したんだよ。で、「反中・嫌韓」のネット世論に支えられるような形で誕生したのが、安倍政権。

本来は、**そういうアナログな流れを踏まえて安倍政権やネトウヨのことを語らなけ**

ればいいんだ。その流れをバッサリ切り捨てて全部わしのせいにするのは、ある種のデジタル思考でしょう。まったく頭を使わない、楽な考え方だよね。

清水 そういう安直な発想をしないように、若い人たちにはもっと本を読んでほしいですよね。

＊17 『マンガ嫌韓流』「嫌韓」をテーマとした山野車輪（一九七一 - ）の漫画作品。版元は晋遊舎。シリーズ化されており、『マンガ嫌中国流』などの派生作品もある。

2章

もっと「孤独」になるべし

本屋には「偶然の出会い」がある

清水　ものごとをデジタルに考える人たちには、悪い意味で合理的なところがあるように思うんですよ。なるべく無駄なことはせず、最短距離で自分の利益を得ようとする。だから人を、単純に右や左に分類するだけですませようとするし、難しい本も読もうとしない。

小林　コンピュータやインターネットは、いろんなことを効率化しますからね。昔は遠回りして行き着いていたところにも、簡単にアクセスできちゃうんだよ。いくらか本を読む人でも、アマゾンみたいなネット通販を利用していると、ある種の無駄がなくなるでしょ。何かひとつ買うと次々と関連書籍を向こうが薦めてくるから、自分で探し回る必要がない。そのせいで、**右寄りの奴は右寄りの本、左寄りの奴は左寄りの本ばかり読んで、それぞれの世界がタコツボ化したりする**わけだ。無駄をはぶくと、そういう弊害もあるよね。その点、清水さんのお店はお客さんが思ってもいなかった本を薦められることも多いだろうから、本との出会い方としては面白い。

清水　本との出会いは、人との出会いによく似ていると思うんです。人間どうしも、いつも同じ仲間とばかりつき合っていると、変化がなくて面白くないですよね。新しい刺激を与えてくれるのは、旅先や飲み屋などで偶然に出会って仲良くなった相手だったりするじゃないですか。それと同じで、本も読みたいものをピンポイントで検索して買うだけでは面白くない。**本屋の棚でたまたま見つけた本を素直に読んでみることで、知らなかった世界が開ける**んです。そういう偶然の出会いが大切だと思っているので、いつも「アマゾンはうちのライバル会社だ」といっています（笑）。

小林　本を読む以前に、書店に行くことじたいが楽しいんですよね。大きな書棚を前にしただけで、ものすごいワクワク感がある。わしはふだん仕事で座ってばかりだから足腰が弱ってるんだけど、書店ではずーっと立ちっぱなしでクタクタになるまで本を見てしまう。「こんな本があるのか」としばらく立ち読みしたり、「買おうかな、どうしようかな……ちょっと保留」と棚に戻したり（笑）。

清水　目についたものをバンバンお買いになるのかと思ってましたけど、意外となんでもかんでも買うわけじゃないんですね。

小林　時間がないときは「とりあえずあれもこれも買っておこう」と紙袋が満杯になるぐらい買うこともありますけどね。たとえば福岡に行ったときなんかは、時間に余裕があるから大きな書店で延々と吟味してる。

清水　きっと、子どものころから本屋さんがお好きだったんでしょうね。

小林　中学生のとき、学校から歩いて三〇分かかるところに小さな書店があって、遠いけどしょっちゅう足を運びましたね。そこで見つけてしまったのが、『COM』だったんだよな。[*18]手塚治虫《てづかおさむ》の虫プロが出していた漫画専門誌。まさに「偶然の出会い」ですよ。当時は青林堂《せいりんどう》の『ガロ』と『COM』がライバル関係で、『ガロ』は[*19]白土三平《しらとさんぺい》の『カムイ伝』、『COM』は手塚治虫の『火の鳥』を連載していましたね。

清水　『火の鳥』はいいですよねぇ。僕も相当影響されました。うちの店ではいまでもガンガン薦めてます。その本屋さんで見つけるまで、『COM』という雑誌の存在すら知らなかったんですか？

小林　全然知らなかった。どこにも広告なんか出てないからね。しかも発行部数が少ないから、その書店にはいつも一冊か二冊しか入荷しないいんですよ。もうひとり漫画を描く友だちがいて、そいつとわしが買ったら売り切れてしまうの。だから、買いそびれないように必死ですよ。発売日もちゃんと守らないような雑誌だったから（笑）、いつ店頭に並ぶかわからない。その時期になると、毎日「そろそろ出てるはずだ」と書店に行って確認してましたね。

清水　うちも五、六年前までは、毎月一五日になると小学生が学校帰りにハアハアいいながら走って『コロコロコミック』を買いに来てましたね。いまはいなくなってしまいましたけど。

小林　そうやって発売日を待って、夢中で買いに行く経験は大切ですよね。自分が漫画家になってからは、**読者がそれぐらい待ち焦がれる作品を描かなければいけないと思うようになった**し。

清水　『COM』からはかなり影響を受けたんですか？

小林　いろんな意味で衝撃を受けましたね。漫画評論というものを見たのも、それが初めてだった。そんなものがあることじたいが驚きなのに、読んでみると難しいことばっかり書いてある。「なんで漫画でこんなに難しいこと考えなくちゃいけないんだ?」とビックリしましたよ。

それに、掲載されてる漫画も実験的な作品が多かった。たとえば石ノ森章太郎が『ファンタジーワールド ジュン』という作品を連載してたんだけど、それ、まったくセリフがなくて絵だけなの。抽象画みたいな漫画で、ストーリーもよくわからない。だけどなんとなく詩情が漂ってくるような作品で、マニアのあいだではそれが大人気になっちゃったんですよ。わしも「漫画でこんなことやるんか! 石ノ森すごい!」と感動したね。ほかにも、私小説みたいな難しい漫画がいっぱい載っていた。

清水 中学生ぐらいでそういうものに出会うと感化されますよね。

小林 もう、漫画というものに対する世界観が壊されてしまったね。当然、そこで受けたショックがいまの自分のスタイルにもつながってますよ。わしはその時点で、「漫画とはこういうものだ」という固定観念が取り払われたわけ。だから「ゴー宣」みたいな従来の枠にとらわれない作品も描くことができたんだと思う。

清水　その意味では、やはり本屋さんの役割は大きい。

小林　そういうことですよ。似た系統のものばかりネットで買って読んでいたら、こういう出会いは得られない。**若者には「本屋で本を買え」と声を大にしていいたい。**

＊18　手塚治虫（一九二八‐一九八九）漫画家。『鉄腕アトム』『ジャングル大帝』『ブラック・ジャック』など、ヒット作は枚挙にいとまがない。『COM』は一九六七年から一九七三年まで、虫プロから発刊された。

＊19　白土三平（一九三二‐）漫画家。『カムイ伝』のほか、『サスケ』『忍者武芸帳 影丸伝』など、忍者を扱った作品で人気を博した。

アマゾンでは「寄り道」の読書ができない

清水　そういえば僕自身も、本との出会いで人生が変わった面があります。中学三年のときに父が死にまして、それ以来、母と妹は埼玉の奥のほうで住み込みで働いていたんですね。で、高校を出て大学に入るまで、ずっと将来は警察官になろうと思ってたんですよ。でも大学二年のとき、母のところに帰るのに電車で三時間ぐらいかかるので、時間つぶしのために本屋さんで＊20司馬遼太郎《しばりょうたろう》の『竜馬がゆく』を買ったんですよ。当時はケータイなんかないから、電車では読書ぐらいしかすることがないじゃないですか。なぜか一巻ではなく五巻を買ったんですけど(笑)、これがめちゃくちゃ面白くて。

小林　途中から読んでも面白いのはすごいね。司馬史観にはいろいろ問題もあるけど、筆力は認めざるをえない(笑)。

清水　そこから全八巻を一気に読んだら、なんとなく警察官になるのがイヤになってしまったんですよ。母は「おまえを警察官にするために学校にも行かせたのに……」と泣いていましたが、そういう仕事よりも、何か商売をしたくなったんです。そのときは本屋をやることまでは考えていませんでしたけど。

小林　やっぱり本の影響力は強いんだなぁ。

清水　うちのお客さんの中にも、偶然の出会いで人生がガラッと変わってしまった人がいますよ。アルコール依存症で廃人同然になり、会社もクビになってボロボロの状態のときにうちに来た人もいます。いろんな本を薦めて読ませました。それに加えて、知り合いが近所でやっている空手道場に無理やり連れていったんですね。まったく経験はなかったんですけど、読書と空手でどんどん変わっていって、いまでは営業マンとしてバリバリ仕事をしています。空手にものめり込んで、黒帯の師範にまでなりました。

小林　やっぱり、人生にはそういう思いがけない出会いがあったほうがいいよね。効率は悪いかもしれないけど、なんでもかんでも予定どおりに進んだら面白くない。それこそアマゾンで買う本は予定調和の世界だけど、書店では何を自分が手に取るかわからないじゃないですか。そのときの直観や感覚だけで探すから、中身は関係なく装幀が気に入って買ってしまうこともある。まったく関心のなかったジャンルでも、ふと気になって「まえがき」を斜め読みしただけで引き込まれたりとかね。そんな動機でたまたま読んだ本で知った世界が、自分を変えることもあるわけですよ。**予定調和**

ではない世界には、遠回りしないと巡り合えないんだよね。

清水　アマゾンの検索やおすすめでは、そういう「寄り道」ができません。

小林　そうなんですよ。「あなたの趣味はこれですから」って薦められるものばかり読んでいたのでは、どんどん頭が固まっていく。いろんな世界に触れてものごとを柔軟に考えられるようにならないいんじゃないかな。インターネット中心で生活しているいまの若者は、そういう罠《わな》にハマってしまう恐れがあるね。

清水　ネット中心の生活は、つねに他者とつながっているような状態でしょう。それに対して、読書はある意味で孤独な行為だと思うんです。本を読みながら誰かとコミュニケーションを取ることはできませんから。だからこそ、じっくりとものごとを考えられる。そういう時間が、現代人には少なすぎます。**意識的につくらないと、ひとりで考える時間なんか持てません。**

小林　読む以前に、書店で本を買うかどうか悩むところから、ひとりで考え込むからね。じーっと棚を眺めていると、不思議なところから購買意欲がわいてくることもあるでしょ。たとえば箱入りの江戸川乱歩全集が出たとき、店頭にずらりと並んでいるのを見て、「これが全部あったらいいだろうなぁ」「毎月一冊ずつ買って、全部そろえたい！」という衝動にかられたんですよ。そんなの全部読めるかどうかわからないのに、持っていたくなる。本に対する愛着は、必ずしも読むことだけで満たされるものでもないんだよね。とはいえ、それは単なる物欲とも違う。

清水　本が好きな人は、「読まなくても本棚に並べた背表紙を眺めているだけで意味があるんだ」といいますよね。実際、それだけでも、その本を買ったときの自分と向き合いながら、何か考えたりするものです。

小林　電子書籍にはそれがないな。乱歩全集がスマホの中にそろってても、あんまり嬉しくないだろうし(笑)。

清水　紙の本を読んでいると、だんだん残りページが少なくなっていって、「ああ、もうすぐ終わってしまう」という寂しさのようなものもありますけど、電子書籍ではその感覚も味わいにくいでしょう。

小林　そういうのも、本とつき合う楽しさのひとつですよね。

*20　司馬遼太郎（一九二三 - 一九九六）作家。新聞記者時代に『梟の城』で直木賞を受賞。代表作は『竜馬がゆく』『燃えよ剣』『国盗り物語』『坂の上の雲』など。

日本人を自堕落にした「便利さ」の罠

清水　ネット通販や電子書籍が便利であることは否定できませんけど、それが当たり前だと思わないほうがいいような気がします。*21執行草舟《しぎょうそうしゅう》さんと対談した『魂の燃焼へ』という本の中でも話したんですが、たとえば車のハンドルは、パワステ（パワーステアリング）が登場するまで、すごい力を入れないと切れなかったですよね。だから初めてパワステの車を運転したときは、「本当にありがたいな」と感謝の気持ちを抱いたんです。でも最初からパワステで運転している人は、そういう気持ちにはならないでしょう。**それが当たり前だと思っているから、ちょっと出来が悪いと不満ばかりいう。**

スマホもすごい発明だと思いますけど、みんな「サクサク動かない」などと文句ばかりつけますよね。僕なんか、初めて携帯電話を手にしたときは「これは漫画の世界じゃないか！」と感動したものですけど。無意識のうちになんでも当たり前だと思っていると、不満だらけの世の中になって、街中怒った顔した人ばかりになってしまいそうです。

小林　便利さにはすぐに慣れてしまうのね。

清水　小さいころ、ミュンヘン・オリンピックの前に、親父が初めてカラーテレビを買ってきたときも感動しましたよ。「父ちゃん、ありがとう！」といったら、親父は「どうだ」と胸を張っていました。だから僕も、子どもが小学生のときに大画面の液晶テレビを「どうだ！」といわんばかりに買ったんですよ。ところが子どもは全然喜ばない（笑）。いまの子は、新しい物に対するありがたみを持てないんですね。

小林　いまは物があふれかえってるからね。昔はみんな新しい物への憧れの気持ちを抱いていたから、それを父権の強化にうまく利用できたんだけど(笑)。

清水　自分で発明したわけでもないのに、感謝されましたよね(笑)。でも、いまは下手をしたら、「友だちのうちのよりちょっと型が古い」なんて文句をつけられてしまう。そんなふうに、**いまの世の中には感謝より不満が蔓延している**ような気がするんです。

小林　ある意味で、いまの子は気の毒といえば気の毒なんですよ。わしらみたいな大人の世代は、電話の進化やテレビの進化の過程を知っている。新しい技術が発明されるたびに、いちいち驚きとともに受け入れてきたわけ。でもいまの若い人たちは、物心ついたときからインターネットもパソコンも携帯電話も当たり前にあるから、ちょっと性能がよくなったぐらいでは驚けないんだよね。

清水　驚けないということは、その意味も理解できないということですよね。それこそ小林先生に誤解や偏見を持つ人も、これまでのプロセスを知らないことが問題なわけですから、やはり歴史を知らないのはよくない。社会問題についても、似たようなことがいえるのではないでしょうか。安全保障や憲法の問題をはじめとして、いまは大変換の時代だと思うんですが、それもこれまでのプロセスを知らないとまともに理解できません。ネットで現在の議論だけ眺めていても、そこは学べないですよ。そういう意味でも、もっと本を読んで深い知識を得なければいけない。

小林　やっぱり、ネットやスマホがヤバいんだよ。だって、若い人たちはひっきりなしにスマホ見てるわけだから。その姿を見ていると、「本なんか読めるのか?」と心配になりますよ。**一日中、ひとりで孤独に本に没頭することが可能なのかどうか。**

清水　ロボット博士の森政弘先生は、パソコンやスマホのようなデジタル文化を「シリコンバレー文明」と呼んでいます。たかだか六〇年かそこらの歴史しかないシリコンバレー文明に、なぜみんなこんなに簡単に洗脳されてしまうんだ、と嘆いておられるんですね。

小林　なるほど、シリコンバレー文明か。グーグルもアップルもアマゾンも、みんな米国の戦略というのがまた腹立たしいところなんだけどね。それはともかく、これは秘書から聞いた話だけど、いまはネット通販が飽和状態で、宅配業者がパンク寸前になってるらしい。ものすごい重労働になってるそうだよ、荷物を配達する人たちが。しかも、みんなが通販を利用するから実店舗の経営状態が悪化して、潰れたり品薄になったりする。するとますますネットで買い物をするしかなくなって宅配が増える……という悪循環になってるわけ。若者にかぎらず、**利便性が向上するにつれて日本人全体がどんどん自堕落になっていく**ような気がするね。ものを深く考えないうえに、家からも出ないんだから。

清水　しかし、いったん便利になったものを不便なものには戻せないので、歯止めがかからないですよね。

小林　自分の意志だけで堕落した状態から立ち直らせるのは無理だろうね。

清水　先ほど紹介した執行さんは、会社の社長さんでもあるんですけど、社員は携帯電話禁止なんですよ。入社するときに「携帯を捨てろ」というそうです。若い女の子が「そんなことをしたら友だちがいなくなっちゃうので困ります」と答えたら、「携帯電話がないぐらいでいなくなるのは、友だちじゃない！」と捨てさせたそうです。

小林　それくらいの強権を発動しないと、考え方がアナログに戻らないかもしれない。

＊21　執行草舟（一九五〇‐）　実業家、著述家、歌人。生命の燃焼を軸とした生き方を実践・提唱している生命

論研究者。著書に『生くる』『友よ』『根源へ』（講談社）、清水克衛との共著に『魂の燃焼へ』（小社刊）がある。

ケータイを捨てて「孤独」になれ

清水　家庭での親の教育も、昔ほど厳しくなくなったような印象があります。ほしいものはどんどん買い与えるから、子どもが我慢するということがない。小さいうちからゲームやケータイに浸っていたら、本を読んで考えるようにはならないですよ。

小林　たしかに、**子どもが自堕落にならないように親が育てないと、どうにもならない**ところはあると思うんですよ。わしの親なんか、息子の依頼心を断つために、小学生のわしを庭に建てたプレハブ小屋に放り込んだからね。

清水　作品の中でも描かれていましたが、喘息《ぜんそく》の治療のためですよね？

小林　そうそう。当時は、依頼心の強さが小児喘息を引き起こすといわれていたんですよ。まったく間違った見解で、いまは誰も信じてないけど、わしの親はその処方箋を信じて、わざわざプレハブを建てたわけ。なにしろ夜九時になったら「ガチャ」って母屋《おもや》の鍵を締めてしまうんだから、本気ですよ。それ以降、わしはトイレにも行けないの。裏のヤブに行って用を足すしかない。大のときは、漫画雑誌のページを破ってクチャクチャと柔らかくして持っていくんだよ（笑）。喉が渇いたら、足洗い場の水道から飲んだりして。日常がサバイバルゲームみたいになってしまった。喘息に対してはなんの効果もなかったけど、自立心みたいなものは間違いなく植えつけられたよね。

清水　自分も中学生のときに父親が死んで、母と離れて暮らすようになりましたが、自立心を育《はぐく》むためには、かえってそれがよかったと思ってます。脳科学的に見ると、子どもが「親から離れたい」と思うのは本能に組み込まれているけれど、親のほうには「子離れ」の本能がないそうです。だから、**親は意識的に関係を断たないと子離れでき**

ない。たとえば武士道では、子どもが一五歳になったら元服させますよね。それは、子離れをうながすための制度なんです。

小林 なるほど。制度で強制しないと、なかなか子離れできないわけだ。

清水 ところがいまは、成人式のようなセレモニーはあっても、親はいつまでも子離れしませんよね。一方の子どもにしても、本来は親離れする本能があるはずなのに、親への依頼心を持ち続けてしまう。これはすごく異常なことのような気がします。

小林 やっぱり教育の問題は大きいですよ。親がそういうふうに子どもを育てないから、依頼心の強い自堕落な人間が増えてしまう。大人になってから自力だけで自立心を回復するのは難しいかもしれないけど、まずは**「自分は本当に孤独になれるのかどうか」とか「携帯なしでは生活できないのかどうか」を自覚してみる**しかないでしょう。

清水 それこそ、親も携帯もないところでサバイバルできるかどうか(笑)。

小林 極端な話、無人島で生きていけるかどうかという話ですよね。本来、それは子どもにとって冒険心をくすぐられる楽しい妄想のはず。わしも子どものころに『[*22]十五少年漂流記』を読んだときは、「すごいな、そんな島でどうやって暮らすんだ」と興奮しましたよ。なんの道具もないところでどうやって火をおこすのかとか、海水を真水に変える方法はあるのかとか、創意工夫のかたまりで面白いじゃないですか。あと、人間の集団だから、何か問題があると敵と味方に分かれて対立したりもする。

清水　たしかに、極限状況で試される人間性というのはありますよね。

小林　だから**「携帯がないと生きていけない」なんていってる連中には、まず『十五少年漂流記』を読め**、といいたくなるね。そんな生っちょろい考えでは、無人島で生きていけないぞ、と(笑)。そういえば昔、久松文雄《ひさまつふみお》の『冒険ガボテン島』[*23]という漫画もあったな。それも無人島に漂着した少年少女がサバイバルする話なの。あれは楽しかったなぁ。いまのような社会状況でこそ、ああいう漫画を誰かに描いてほしいね。文明に頼れない状況で、いかに生き残るかという物語。最近は大地震のようなときでも、「文明の利器としての携帯電話が必須」みたいな話になるからね。

清水　東日本大震災のときも、「電話回線は使用不能になったけど、ツイッターは使えた。インフラとしてすぐれている」などといわれました。

小林　社会そのものが、「携帯やネットがないと生きていけない」ことになっとるわけですよ。それも破壊されたときに、人間の力だけでどうやって生き延びるかを考える余地さえなくなっている。若い子たちが、「携帯なしでは生きられない」と感じるのも当然かもしれないね。携帯を捨てて孤独になることが、無人島に漂着するのと同じくらいの冒険になってしまう。

清水　断食みたいに、「一週間、携帯なしで過ごせ」というのをやってみてほしいですね。

小林　そのまま即身仏になってしまうかもしれんな(笑)。昔の高僧は土の中で飲まず食わずの修行をして即身仏になったわけだけど、いまの若者は携帯断ちで成仏してしまうの。あんがい、一週間後には神々《こうごう》しいオーラを放ってるかもしれないよ。でも、なぜか指先だけせわしなく動いてたりするの(笑)。

清水　発狂しちゃう人も出てくるかもしれないですけどね。座禅も、後ろで肩を叩く指導者がちゃんと見ている環境でやらないと、「意識の裏返し」という状態になって、気がおかしくなる人がいるそうです。

小林　そうか。じゃあ、オウム真理教の信者がおかしくなったのも、ひとりでボックスに入って瞑想状態を続けたからかもしれん。

清水　僕の育ての親のような存在である吉田晋彩《しんさい》さんというお茶の先生がいるんですが、その息子で跡継ぎの吉田宗看《そうかん》が、京都の円福寺で三年くらい修行をしていたんです。日本でいちばん修行が厳しいとされるお寺なんですよ。一週間寝ないで修行を続けることもあるそうで、それをやっているあいだは狂ったり正気に戻ったりのくり返しになるとか。

小林　まあ、携帯断ちで発狂されても困るから(笑)、**若い人たちにはとにかく本に埋没することで孤独を味わってもらいたい**ね。

＊22　『十五少年漂流記』　フランスの作家、ジュール・ヴェルヌ(一八二八 - 一九〇五)が一八八八年に発表した少年向けの冒険小説。

＊23　『冒険ガボテン島』　久松文雄(一九四三 -)が『週刊少年サンデー』で連載。一九六七年にはＴＢＳ系列でアニメとして放送された。

「孤独」な君にわしは期待している

清水　ただ、スマホやネットにとらわれない若者もきっと少なからずいるだろうとは思うんですよ。小林先生も『修身論』[*24]の中で「マスコミが注目しない少年・少女、若者たち……彼らにわしは注目している」と描いておられますよね。**「援交も、ケータイも、インターネットも、なーんにも関係ない所で孤独を楽しんでる恐るべき若者がいるはずってことだ」**と。これは本当にそうだろうと思います。

小林　そうなんだよね。マスコミは若者をパターン化して語るから、みんなケータイ依存、ネット依存みたいに考えがちなんだけど、全員がそうであるはずはない。

清水　実際、うちの店に来る若い人の中には、「こいつ、しっかりしてるな」と感じる子も少なくないんですよ。「ゴー宣道場」にも、マスコミに出てこないタイプの子がいるんじゃないですか？

小林　いますね。中学生ぐらいの子がいちばん前に座っていたりして、「こんな難しい話、どれだけ理解できるんだ？」と思うこともありますよ。でも、真剣な表情で最後まで聞いてるんだよね。そういう子がこれからどんなふうに育つのかわからないんだけど。

清水　僕の知り合いに、北海道の赤平《あかびら》で町工場をやっている植松努《うえまつつとむ》[*25]さんという方がいるんです。町工場なのにロケットをつくっていて、ホリエモンなんかにも注目されているんですが、彼が「昔の子ども向けの本は難しかった」というんですよ。植松さんはプラモデルや紙工作などが好きな子どもだったので、その入門書や解説書をたくさん読んでいたんですね。それが、小学生向けの本なのに、容赦ないくらい難しく書かれていたそうです。でも、「それぐらいでちょうどいいんじゃないか」と。いまの子ども向けの本はひたすらわかりやすく書かれているけど、それは子どもを甘やかしているのかもしれません。

小林　**背伸びして大人向けの本を読むことで成長する面もありますよね。**わし、小学生のときは、学校の図書館にある少年向けの本ばかり読んでいたんですよ。『シャーロック・ホームズ』や『怪盗ルパン』や『少年探偵団』や『ああ無情』や『巌窟王《がんくつおう》』みたいなやつ。

ところが、あるとき親父がわしの誕生日に、*26北杜夫《きたもりお》の『船乗りクプクプの冒険』を買ってきたのよ。当時の北杜夫は大人の世界の流行作家だから、わしが読んでいた本とはまったく違いますよね。それを見て母親が「こんな大人が読む本を買ってきてどうするの！」と親父を責めたんだけど、わしは「いや、これがいい！」といって、一生懸命に読んだわけ。でも、それがまた奇妙な作品で、主人公が本を買ってみたら、一ページめから全部白紙だったとか書いてあるのよ。こっちは子どもだから、「あれ？この本は白紙じゃないけどな。どうなっているんだ」と混乱した（笑）。

清水　入れ子構造になってるんですね。よりによって、大人向けの小説の中でもかなりややこしいものを与えられてしまった。

小林　そうそう。現実と空想の世界が入り混じる不思議な書き方をしてるから、わけがわからなくなるの。それまで読んでいた本の中にはそんな作品がなかったから、驚いてしまったんだよね。でも、「そうか、こういうものもあるんか」と思って、自分の読書の段階がひとつ上がったような感覚があったな。だから、**「子どもにはやさしい本」と限定して与える必要はない**と思いますね。

清水　そこそこ難しい本でも、意外に読めちゃうと思うんですよ。漢字がわからなければ調べればいいんだし。子どもだからって、あまり甘やかしちゃいけないと思います。

小林　「ゴー宣」でも、たまに小さな子どもがアンケート用紙に感想を書いてくることがありますからね。「よく読むよな」と感心させられますよ。マスコミは未熟で自堕落な若者像ばかり強調するけど、そうではない子も確実にいる。

清水　ＳＥＡＬＤｓのように、デモをして目立つ学生ばかりでもないでしょうし。

小林　そうなんだよね。マスコミはデモにさえ集まれば「政治に目覚めた若者」というけど、政治に目覚めた若者が必ずデモをするとはかぎらないわけ。別の形で目覚めているかもしれない。そういう若者はマスコミが注目しないし、ネットで存在をアピールすることもないから世間にも知られていないけど、これから彼らがどんな行動を起こすかわからないですよ。**そういう若者の出現を期待してるところが、わしには**

あるんだよね。

*24 『修身論』　小林よしのりが二〇一〇年に発表。正式な書名は『ゴーマニズム宣言PREMIUM 修身論』（マガジンハウス）。

*25 植松努（一九六六-）（株）植松電機専務取締役。北海道の小さな町工場ながら、ロケット開発をなしとげたことで知られた。著書に『NASAより宇宙に近い町工場』（ディスカヴァー・トゥエンティワン）など。

*26 北杜夫（一九二七-二〇一一）　作家、精神科医。『夜と霧の隅で』『楡家の人びと』（新潮社）などの小説や、「どくとるマンボウ」シリーズなどの随筆で知られる。

君に「死ぬほど好きなこと」はあるか

清水　先ほどの植松努さんは、小学生時代に「夢について書け」という課題作文に「自分の夢はロケットを飛ばすことだ」と書いたそうです。そうしたら、担任の先生に

「おまえ、そんな夢みたいなこと書くな」と怒られたんですって(笑)。夢を書けっていわれたから書いたのに。

小林 理不尽やね(笑)。

清水 「ロケットをつくるような難しい仕事は、東大や京大に入らないとできない。おまえの成績では無理だから、そんなことは考えるな」といわれて、最初はものすごく落ち込んだそうです。彼はお父さんも工場を経営していたので、その影響で小さいころから物をつくることが楽しくて、あんまり勉強はしなかったらしいんですね。だから成績は悪かったそうですけど、本を読むのは好きだった。飛行機を発明したライト兄弟の伝記も読んでいたので、「そういえばライト兄弟だって大学には行ってないし」と気づいて、先生のウソを見抜けたといってました。

小林 親や教師は、子どもの夢を否定するものなんです。でも、わしはそれでいいと思っているんだよね。うちの親父も、わしが「漫画家になる」といったら完全に黙殺していましたよ。教師にも、「そんなバカなことを考えちゃダメだ」と否定された。**でも、それが好きな人間は、いくら周囲に否定されても絶対にくじけないい**んですよ。それが好きで好きで、どうしてもやりたいと思ったら、これはもうどうにもならない。

清水　他人に否定されてあきらめるようでは、本当に好きじゃないということですね。

小林　そうそう。それに、周囲の大人から安易に「好きなことをやりなさい、応援するから」なんていわれたら、逆に油断して夢が実現できないかもしれないでしょ。だから、親や教師に否定されたのは、むしろよかったとわしは思ってるわけ。

清水　それでもかまわずに突き進むほど、やりたいことだったんですね。

小林　**それぐらい好きなことがあるのは、幸福すぎるぐらい幸福なことかもしれないよね。**あれこれ考えずに、その道を進めばいいわけだから。わし、大学生のころにデモに参加したこともあるんですよ。だけど、あるとき「自分が大学に入ったのは漫画家になるためだ」と思い直して、運動家の誘いを断った。それからは、ひとりで部屋にこもって本ばかり読んでましたね。どうしてもやりたいことがあれば、学生運動的なものにハマることもないんだよ。

清水　国会前のデモに集まるＳＥＡＬＤｓの学生たちも、ほかに本気でやりたいことが見つからないのかもしれませんね。

小林　自分の将来に対して、漠然とした不安しか抱えてないんでしょう。自分が何をして生きていくのかという以前に、「生きていけるんだろうか」という不安にさいなまれている。いまは高校生でさえ、友だちと「おれたちは本当に結婚できるのかな」と真剣に話し合ってるらしいからね。ちゃんと就職して、食いっぱぐれずにやっていけるかどうかを心配している。

だからSEALDsの学生も「お母さんがご飯をつくってくれる、この幸福を守りたい！」みたいな演説をするんだよ。**最低限の経済的な安定だけを求めているから、自分が何をやりたいかなんて考える余裕がない**のかもしれない。わしらの時代なら、とくにやりたいことがなくても、一般企業に就職すれば定年まで安定した生活を送れたわけだからさ。

清水　その安心感が根底にあれば、「もっと自分らしい生き方」を模索するゆとりも出てくるということですね。

小林　それがないのだとしたら、いまの若い人たちは本当にかわいそうだよね。でも、だからといってデモや社会運動に時間を費やすのがいいとも思えない。学生は、将来のための準備をしたほうがいいよ。**一人前の「個」として生きていくには、仕事の現場を持たないといけない。**そのための準備としては、やはり本を読むことでしょう。どんな仕事をするにしろ、なんらかのヒントは得られると思うんですよ。

「直感」で古い常識から飛躍せよ

清水　このあいだ『ナポレオンの直観[*27]――「戦略」の秘密を解き明かす10の物語』という本を読んだら、面白いことが書いてありました。連戦連勝していたときのナポレオンは、じつは戦略や戦術を事前にまったく考えていなかったそうなんです。戦場に行ってから、その場の直観にしたがって戦うんですね。あらかじめ戦略や戦術を組むと、いつも同じパターンのことしか考えられなくなる。しかし戦争は、海辺、谷間、山中など、場所や状況によって戦い方を柔軟に変えなければいけない。だから、わざと考えないんです。もちろん、その場の直観は単なる思いつきではありません。ナポレオンは読書が好きだったので、過去の戦争の歴史が頭に入っているんですね。

小林　なるほど。その知識が直観の源泉になっているわけね。

清水　そうなんです。たとえば、これは有名な話ですが、ナポレオンがイタリアとオーストリアを攻めたとき、両国は「これはヤバいぞ」と危機感をつのらせて、国境ではなく首都を固めるために兵を集めたんですね。ところがナポレオンは、そこで直観が生まれなかったものだから、戦わないで通り過ぎちゃったそうです。それでイタリアとオーストリアの軍隊は慌てて追いかけたんですが、ナポレオン軍はかまわず走っていき、橋のかかった川にさしかかった。そのときナポレオンの頭には、「ここだ」という直観が浮かんだんですね。そこで待ちかまえて、追いかけてくる敵軍を、上から大砲でバンバン撃って全滅させちゃったんですよ。

小林　予定調和を壊すタイプだったんだな。

清水　そうですね。しかし、そうやって連戦連勝していたにもかかわらず、一八一二年のロシアとの戦いのときは、例外的に戦略、戦術を周到に考えていたそうです。そうしたら、負けてしまった。

小林　直観に頼っていたら、冬将軍を相手に戦略をどう変えたのか興味があるね。

清水　そうですね。直観については、田坂広志[*28]さんの『人生で起こることすべて良きこと』（ＰＨＰ研究所）にこんなことも書いてありました。**死生観を持つと直観が生まれるようになる**、というんです。というのも、いかに生き、いかに死ぬかという死生観を持つことによって、人間には自然となんらかの使命感が生まれる。すると「私」への執着が小さくなり、「公」に対する気持ちが大きくなるんですね。その結果、目の前の事態に対してどう振る舞うべきかという直観が生まれるという話です。

そして、直観的にものごとを判断すると、従来の常識から飛躍して、新しい常識を生み出すことができる。いまの社会には、そういう直観が必要ではないかと思うんですよ。発想を飛躍させて新しい常識を生み出さないと、シリコンバレー文明に首を絞められたまま窒息してしまうような気がします。

うちの店だって、これまでの発想では生き残れません。始めたころはコミックが一日に一〇〇冊以上も売れていましたし、当時はＣＤも扱っていて、安室奈美恵《あむろなみえ》の新譜が出れば何百枚も売れていたんです。ところが近所にコンビニができ、駅前に大型書店ができると、雑誌がどんどん売れなくなった。CDも、ネットでダウンロードできるようになってからはすっかり古いメディアになってしまいましたよね。だから、発想を変えないとダメ。それで、思いついたことはどんどん試して、新しい道を模索しているんです。先生のようなお仕事の場合、それ以上に新しいアイデアがつねに求められるわけですよね。

小林　作品のアイデアを考えていると、「ここをクリアしないとストーリーが前に進まないんだけど、どうしたものか」と行き詰まった状態になることがあるんですよ。でも、風呂に入って脳が完全に弛緩《しかん》してるときなんかに、ふとひらめいて解決法を思いついたりするわけ。たぶん、ウンウン唸《うな》って考えているときは、型にはまった思い込みにとらわれているから、袋小路になってるんだろうな。あと、朝起きたときにパッとひらめくことも多い。寝ているうちに、脳が勝手に問題を整理してくれているんだと思いますよ。

清水　ナポレオンの直観もそうですけど、**何も考えていないところから突然ひらめきが訪れるわけではない**ということですよね。ナポレオンには戦史に関する膨大な知識があったし、先生の場合はそれまで死ぬほど考え抜いた経過がある。

小林　たしかに蓄積は大事だと思う。まだ若くて蓄積の浅いときは、「この連載が終わったらどうなるんだろう」「こんな作品をまた書けるんだろうか」「わしはこれ一本で終わってしまうんじゃなかろうか」という不安がありましたよ。

清水　小林先生でもそうなんですか。

小林　そりゃそうですよ。実際、デビュー作の『東大一直線』が終わってからは、かなり苦労しましたからね。まったく違う新しい作品を描いたんだけど、アイデアの段階では「これで面白くなるはずだ」と思っていたのに、現実に漫画にして動かしてみると、なぜかウケない。おかしいな、と。そうやって、何度も失敗しているのよ。ウケないまま途中で終わってしまった連載もあるからね。連載を一年やってウケなかったら、「この一年、無駄だったなあ」と虚《むな》しい気分になりますよ。

だから漫画家の多くは、一本ヒットしたらそれを何十年も続けようとするんだよね。次にヒット作を生み出せるかどうかわからないから、ウケたものをできるだけ長く続けたほうがいいわけ。でも、わしは飽きっぽい性分だから、同じものを長く続けられないんですよ。「万が一この作品がヒットしてしまったら、死ぬまでこれを描かされるんじゃないか」と思うから、雑誌に連載することじたいがためらわれるの。**同じものを描き続けるのは恐怖**なんですよ。

清水　ふつうとは逆の発想なんですね。みんな、一生モノの作品を目指しているのに。

＊27　『ナポレオンの直観――「戦略」の秘密を解き明かす10の物語』　コロンビア大学ビジネススクール教授、ウィリアム・ダガンの著書。邦訳は慶應義塾大学出版会から刊行されている（翻訳・星野裕志）。

＊28　田坂広志（一九五一-）　多摩大学大学院教授。著述家。シンクタンク・ソフィアバンク代表、社会起業家フォーラム代表などを務め、ベンチャー企業や新事業の育成にも取り組んでいる。東日本大震災の際には内閣官房参与も務めた。

タブーを破ることを怖れるな

小林　だからわしの場合、連載よりも描き下ろしのほうがいいと思っちゃうの。描き下ろしで一冊ずつ出していれば、いつまでも同じものを描かなくてすむでしょ。もちろん、それがウケるかどうかは出してみないとわからない。難しいですよね。たとえば『*29卑怯者《ひきょうもの》の島』なんかも、読んだ人はみんな「面白い」「感動した」といってくれるけど、ヒットはしていないですから。一方、思いがけずヒットすることもある。「ゴー宣」がそうでしたね。あれはもともと、『おぼっちゃまくん』の流れで描いた『おこっちゃまくん』という作品を大人向けに描いてみたものなんですよ。それが、やけに人気が出てしまったの。だから、**産みの苦しみみたいなものはあんまりなかったんだよね。**

清水　読者からすると、『おぼっちゃまくん』と『ゴーマニズム宣言』はまったくジャンルの違う作品なので、意外なお話です。そこにはかなりの飛躍があったのだろうと思ってました。

小林　むしろ『東大一直線』から『おぼっちゃまくん』までのあいだに、相当な苦労があったんですよ。何度も何度も失敗した挙げ句、『おぼっちゃまくん』を描いたところで、ようやく新しい方法論がわかったように思ったんだよね。そこから「ゴー宣」に行くのは、わりと自然な流れ。

清水　だけど漫画としてはきわめて新しいスタイルですよね。

小林　まあ、こんな漫画はそれまでなかったからね。いまでこそ「エッセイ漫画」みたいなものはたくさんあるけど、当時は作者が自分自身を主人公にするなんていう生意気な漫画はなかった。社会問題を、四コマ漫画ではない形で語るものもなかったですね。漫画というものにはめられた既成の枠組みから外れているわけ。だから、**いまだに漫画界の中では「ゴー宣」が漫画として認められていない**じゃないですか。

清水　え、そうなんですか？

小林　そうですよ。漫画界では、波風を立てずに人を笑わせたり泣かせたりするのが漫画だという固定観念があるから、「ゴー宣」みたいにリアルな議論ばかりして、嫌いな奴らを叩きのめすような作品は邪道だと見られるの。だから良し悪しを評価さえしないで、無視している。

清水　先生の中では自然に出てきたものだけど、世間から見たら大きな飛躍があったということですね。

小林　タブーを破ってしまったんだよね。そういうものは、ぶっ飛びすぎてるから相手にされないわけ。その一方で、石ノ森章太郎の『マンガ日本経済入門』[*30]はちゃんと評価されて、日本漫画家協会賞の大賞を受賞してるんだよ。まったく面白くもないただの絵解きなんだけど、「新しい漫画の未来を開拓した」とかいわれてるんだから、意味がわからない。結局、無難な内容だから授賞対象になるんだよね。わしの「ゴー宣」は無難の対極にあるような作品だから(笑)。

清水　なるほど。そうなると、受賞なんかすると逆に価値がない感じになりますね。「あなたの作品は無難です」といわれても、ちっとも嬉しくない(笑)。だいたい、いまの世の中は、このまま無難なレールの上を進んでいったらろくなことにならないでしょう。無難にやっていくほど危ない時代になっているんじゃないでしょうか。

小林　そうでしょうね。**いろんな分野で、タブーを破るような発想が求められているんだと思いますよ。**

＊29『卑怯者の島』　小学館から二〇一五年七月に刊行。小林よしのりにとって初の戦場ストーリー巨編。パラオ・ペリリュー島を想定した南の島で玉砕戦に臨む日本兵を主人公に、壮絶な戦闘シーンと極限の人間ドラマを描いた。

＊30『マンガ日本経済入門』　一九八六年に日本経済新聞社から出版された、石ノ森章太郎の学習漫画。全四巻。一九八七年にテレビアニメ版がテレビ東京系列で放送された。

つねにバッシングされてきた漫画家人生

清水　うちの店も、あまり本屋らしくないことをいろいろやっているんです。だから、よその書店の人が見学に来ることもあるんですけど、みんな「面白いけど、うちではできないですねぇ」といって帰って行くんです。無難な枠組みから出られないんでしょうね。

小林　どんなところが本屋らしくないんですか？

清水　世間的なベストセラーに背を向けて、店の前に「『火花』[*31]は一冊もありません」なんて書いてありますからね（笑）。

小林　そりゃあ、ふつうの書店には無理だなぁ。

清水　コミックも小林先生以外は置いていないし、地図を売るのもやめました。狭い店ですからね。そのぶん、絵本をたくさん並べたほうがいいと思ったんです。「地図ぐらいあるだろう」と思っていらっしゃるお客さんの期待を裏切ることになってしまうんですが、**そうやって一見突飛と思われるような挑戦をしていかないと、物事はよりよく進化しない**と思うんですよ。本屋にかぎらず、みんなが追い込まれているのがいまの時代でしょう。それなのに古い枠組みを取り払うことができず、無難なほうを選んでしまう。

小林　タブーを破ると、周囲から叩かれるのが怖いんだろうね。だから、本当は違うことをやりたくても、無難な選択をしてしまうんじゃないかな。

清水　先生もバッシングが多いでしょうけど、それに耐えてらっしゃいます。

小林　最初からそうだったからなぁ。『東大一直線』の連載を始めたときは、「こんなに絵の下手クソな奴が漫画を書いていいのか！」って叩かれたし、『おぼっちゃまくん』なんか、「下品すぎる」「子どもの教育によろしくない」「社会が乱れる」と、ひんしゅくを買いまくりましたよ。もちろん「ゴー宣」では、意見の合わない連中から総攻撃される。**漫画家人生を通じて、延々とバッシングを受けてる**よね。

清水　それだけ作品にインパクトがあるわけですよね。ヒットしないものはバッシングもされないでしょうから。

小林　まあ、意識されなくなったら終わりかもしれないけどね。人気が出ると、その一方で嫌われもするんですよ。『東大一直線』でデビューした当初も、連載してた『週刊少年ジャンプ』の読者アンケートで、「いちばん嫌いな漫画」で一位になったし、「いちばん嫌いなキャラクター部門」でも東大通《とうだいとおる》[*32]が一位になったもんな。

清水　僕もたまにクレームつけられることがありますけど、「面倒くさいなぁ」と思って、つい放っておきたくなることがあるんです。

小林　いちばん面倒くさいのは、こっちが描いていることの意味をまるで理解せずにバッシングしてくる連中だよね。どう対応していいかわからずに困ってしまうほど、描かれていることが読めていないの。

清水　そういう批判のほうが多いんじゃないですか。

小林　そうかもしれないですね。ここまで読解力がないのに、どうして人に文句をつけられるのかが不思議でしょうがない。本当に、ひどい状態ですよ。ろくに理解せずにイメージだけで語る人間が多すぎる。**それが独り歩きしてしまうから、SEALDsみたいに読まずに謝罪を求める者も出てきちゃう**んだよね。もう、手のほどこしようがない。

清水　でも、わかっている読者には、どれが理不尽なバッシングで、どれがまっとうな批判か見分けがつきますから。ネット社会には、読解力のない理不尽なクレーマーをあぶり出す機能もあるような気がします。

＊31 『火花』　お笑い芸人、ピースの又吉直樹（一九八〇‐）が書いた初の中編小説。第一五三回芥川賞を受賞。文藝春秋より刊行された単行本は、二〇〇万部を超えるベストセラーとなった。

＊32 東大通　『週刊少年ジャンプ』で一九七六年から一九七九年まで連載された、『東大一直線』の主人公。みずからを天才と信じ、東京大学に絶対合格するという信念の持ち主。

3章

これが真の「革命」だ

そもそも日本は民主主義が完成していない

清水　「ゴー宣」は漫画のタブーを破る作品でしたが、小林先生ご自身も、従来の「漫画家」という枠ではとらえきれない存在だろうと思います。昨年、安保法制をテーマにした「ゴー宣道場」に参加したときに、先生が「評論家や官僚は未来のことを考えられない。しかしわしは思想家なんだ」とおっしゃっていたのが印象的でした。

小林　あのときは、「思想家」を名乗るなんておこがましいとは思いながら、あえてそういういい方をしたんですよね。というのも、**官僚的な思考をしていると、なんでも現状追認になってしまう**んです。それでは、根本的なことは何も変えられない。たとえば安全保障はいつまでも米国に追従すればいい、原発ももとに戻して再稼働すればいい、という話になってしまうのよ。少子化で日本の人口がどんどん減少していくのがわかっているのに、相変わらず経済成長を求めるのも、現状追認の官僚的発想だよね。高度経済成長時代から、ずっと同じ感覚で政策を決めているんです。彼らはそれがいちばん安心できるんだろうけど、わしは違う。そういう近視眼的な現状追認でものごとを考える奴らとは違うという意味で、「思想家だ」といったんだよね。

清水　たしかに、現状を追認するだけなら思想は要りません。

小林　安保法制にしても、対米追従という現状を追認して受け入れるのではなく、もっと大きな枠で日本社会のあり方を考えなければいけないですよね。多くの人はいまの日本が民主主義国だと思ってるけど、じつは国家として最終的な主権を握っていないから、米国の主導する戦争に「これは侵略戦争だからイヤだ」と主張できないんですよ。それを決める主権は米国が持ってるから。要するに、**いまの日本は国家の体《てい》をなしていない**んだよね。主権を外国に握られているようでは、民主主義なんて成立するわけがない。

清水　国会で何を決めても、米国に「ノー」といわれたら実現しないのでは、選挙なんかやっても虚しいだけですよね。

小林　たとえば国民が「沖縄に米軍基地を置くのはイヤだ」と考えて、その民意を代表した政治家がそれをやろうとしても、日米の担当閣僚が話し合う「ツー・プラス・ツー」[*33]の場で米国に否定されてしまうわけ。安保法制が違憲だとして反対派が裁判を起こしても、そういう高度な政治問題については最高裁判所が違憲立法審査権を行使できないんだから、どうしようもない。

清水　それが砂川判決[*34]だったわけですよね。

小林　そうそう。日米安保条約は高度な政治性を有するから、違憲か合憲かの法的判断はしないという話。これを「統治行為論」というんだけど、じゃあ、その統治者は誰なのかといったら、米国なんですよ。砂川判決では、事前に最高裁長官が米国の駐日大使と会って裁判結果について協議したことが明らかになってるんだから。この時点で、日本国憲法は日米安保条約よりも下位に位置づけられたんだよね。

そんな主権のない国で「民主主義を守れ」とかいってもしょうがない。**そもそも民主主義が完成してないんだから**。それ以前に、まともな軍隊を持っていないから、国民国家としても未完成なんですよね。国防のために「矛《ほこ》」と「楯《たて》」の両方を備えているのが本来の国民国家の姿なの。ところが日本は「楯」としての自衛隊はあるけど、

「矛」のほうは米軍に委ねている。自前で国防ができない国は国民国家とは呼べないし、国民国家ではない国に民主主義なんかあるわけがないんです。

＊33　ツー・プラス・ツー（2＋2）　両国の外務・国防担当閣僚が出席する会議。日米間の閣僚協議（日米安全保障協議委員会）を指すことが多い。

＊34　砂川判決　一九五七年に起きた砂川事件の裁判でくだされた判決。米軍立川基地の拡張に反対するデモ隊が基地内に侵入し、日米安保条約第三条にもとづく行政協定にともなう刑事特別法に違反するとして起訴された。

動物のような「横野郎」にはなるな

清水　執行草舟さんとの対談本『魂の燃焼へ』（前出）の中で「垂直な生き方をしよう」という話をしていまして、それができない人間のことを「横野郎」と呼んでいるんですよ。周囲の目や世間体ばかり気にして生きている人のことです。それに対して「垂直な生き方」とは、過去の歴史を知ったうえで、未来のことまで考えること。いま小林先生がおっしゃったような、一本筋の通った生き方のことです。現状追認ではない「思想」も、そこからしか生まれませんよね。

小林　まったくそのとおりだと思いますよ。**わしが『戦争論』を書いたのも、死者を民主主義に参加させるため**ですから。歴史の縦軸と社会の横軸が交差するところに個人が存在するわけだから、現在の話だけをしていてもしかたがない。だから、歴史の縦軸を通すために、過去の死者たちが何を考えていたかを描きたかった。つまり、死者の弁明を『戦争論』でやったわけ。それを知らないと民主主義はできないから。ここまでの日本を誰がつくってきたかといったら、死者たちなんですよ。

清水　しかも、わずか七〇年前のことですものね。

小林　**過去をすべて切り捨てて現在だけを見ていたら、動物と同じことになる**んですよ。サルトルは、人間は「対自《たいじ》存在」であり、動物やモノは「即時《そくじ》存在」だというでしょ。モノはずっと変わることなく、コップはコップ、机は机であり続けて、あとは朽ち果てていくだけ。犬や猫も、今日も明日も何かが変わるということがない。あるとき何かに気づいて、二本足で立ったりする犬はいないよね(笑)。犬は死ぬまで犬だから、つねにそれ自身に対して自己同一的なあり方をしている。これがサルトルのいう即時存在なんです。

それに対して人間は対自存在だから、動物のように自己同一的なあり方をしていない。つねに変化するんです。たとえばわしという人間も、こうして清水さんとお会いしたことで、明日の自分は今日とは違っているわけ。

清水 僕もこうして小林先生とお会いして、きっと何かが変わるだろうと思います。

小林 人間はそうやって変わっていくから、ある瞬間だけを見て「小林よしのりはこういう人間だ」とは決められないんだよね。どういう人間なのかは、死んでからじゃないとわからない。それが人間だとサルトルはいうわけですよ。わしは大学生時代にこれを読んでものすごく感激したんだよね。

清水 その考え方を当てはめると、いまは動物みたいな人間が多いような気がしますね。

小林　そうなんですよ。歴史の縦軸を切っているから、即自的に存在しちゃってるの。しかも、本を読まずにツイッターやフェイスブックばかり見てる。これも横軸でしょ。そういう感覚だけで民主主義をやっていくのは、やっぱりマズいでしょう。**過去を掘り起こして、いまの感覚と比較することが必要**なんですよ。だから『戦争論』では、断絶していた自分たちの祖父の世代の感覚を呼び起こし、『大東亜論』では明治の先人の感覚を呼び起こそうとしているんです。

清水　その時代の感覚は、歴史の教科書だけではわかりませんからね。

小林　描くためにいろいろ調べていると、自分が戦前の日本人のことを全然わかっていなかったことに気づくんです。「同じ日本人」といっても、感覚のうえでは歴史が分断されているんですよね。でも描いているうちに、昭和初期や明治時代の日本人が何を考えていたのかが、だんだんわかってくる。

清水　たとえば『大東亜論』で描かれた玄洋社の頭山満なんかも、現在の感覚だけで「極右《きょくう》」だと思われていますよね。そのため、頭山満に関する本を出すのを怖がる出版社も多いと聞きました。そういう壁はなかったんですか？

小林　描く前に、政治的な集団にはいっさい関わらないと自分で決めたんです。誰が近寄ってきても相手にしない（笑）。そもそも頭山満が右翼とされるのは、占領期にGHQ（連合国軍最高司令官総司令部）が右翼と認定したからにすぎないんだよ。本当に右翼だったなら、なぜ中江兆民《なかえちょうみん》[35]と仲良しだったのか。中江兆民を持ち上げるリベラルの連中は、じつは彼が頭山満と親友だったことを隠しているわけ。でも頭山は植木枝盛《うえきえもり》[36]とも交流があったわけで、要するに右翼でもなんでもなかったんだよ。彼自身も自由民権運動をやっていたんだし。

清水　本当にそうですよね。うちの店ではいま、勝手に**「西郷ライン」と名づけた一連の本を読む企画をやっている**んです。まず佐藤一斎《さとういっさい》[37]の『言志四録《げんししろく》』や大塩平八郎[38]の『洗心洞箚記《せんしんどうさつき》』があって、その後に西郷隆盛[39]、頭山満、さらに中村天風《なかむらてんぷう》[40]や、安岡正篤《やすおかまさひろ》[41]が続くラインナップです。われわれはいま、このあたりのことを勉強したほうがいいんじゃないかと思いまして。

小林　そのへんを勉強すると、近代合理主義を推進することによって日本人がどんな感覚を失ってきたかを確認できるよね。わしもそのために、明治維新の感覚を現代に蘇らせようと思って『大東亜論』を描いているんです。それも歴史の縦軸ですよ。**いまの日本人は、先人たちの知恵を切り捨てて、動物になろうとしている。**そんなことで民主主義をつくろうとしても意味がないんだ。

＊35　中江兆民（一八四七‐一九〇一）　自由民権運動の理論的指導者。フランスの思想家ルソーを日本に紹介したことで、「東洋のルソー」とも称される。

＊36　植木枝盛（一八五七‐一八九二）　自由民権運動の理論的指導者のひとり。板垣退助の右腕として活躍した。

＊37　佐藤一斎（一七七二‐一八五九）　江戸時代の儒学者。指導者の指針の書である『言志四録』は、西郷隆盛の終生の愛読書だった。

＊38　大塩平八郎（一七九三‐一八三七）　江戸時代後期の儒学者。大坂町奉行組与力。一八三七年（天保八年）に江戸幕府への反乱（大塩平八郎の乱）を起こした。

＊39　西郷隆盛（一八二七‐一八七七）　武士、政治家。薩摩藩士として幕末に活躍し、明治維新に大きな影響を与えた。

＊40　中村天風（一八七六‐一九六八）　思想家、実業家。日本初のヨーガ行者。「天風会」を創始して心身統一法を広めた。青年期には頭山満のもとで頭角を現し、「玄洋社の豹」と呼ばれた。

＊41　安岡正篤（一八九八‐一九八三）　陽明学者。「昭和最大の黒幕」と評される。吉田茂、池田勇人、佐藤栄作、福田赳夫、大平正芳など、戦後の総理大臣の指南役として政界に大きな影響力を持っていた。

正しい「歴史観」を身につけよ

清水　やはり、いまの日本人はまず歴史観を身につけることが必要ですね。

小林　歴史を学ぶのはほとんど学校の授業だけだし、そこでは起きた事実を箇条書きにしているだけだからね。それでは歴史観は育たない。本当は、**学校の先生が講談師のように物語を教えなければならない**んですよ。たとえば明治初期の「不平士族の反乱」なんか、字面だけ見たら、単に新しい社会についていけない守旧派が不満を爆発させただけのように感じてしまう。でも、実際はそういうものではなかったんだよ。西郷隆盛をはじめとして、一度は新政府に入って仕事をした人間たちが野に下って政府に立ち向かった。「維新のやり直し」をしようとしたんだからね。

清水　政府側から見れば「不平士族」でも、西郷たちには大義があったんですものね。先生の『大東亜論』で、そのあたりの流れがよくわかりました。学校の先生も、ああいうふうに語ってくれればいいんですけどね。

小林　だから、本当は教師から育てなければならないんですよ。歴史を感じさせる語り口を身につけてもらいたい。聖徳太子が出てこようと、桓武《かんむ》天皇が出てこようと、徳川家康が出てこようと、坂本龍馬が出てこようと、実際にその時代に、彼らとつき合っていたかのごとくしゃべるような先生がいないと、同じ日本人としての親近感が持てないんだよ。

清水　先生もよくおっしゃるように、その時代の人間が何をどう考えたのかを、後世のあと知恵ではなく、当時の感覚でわかるようにすることが大事です。

小林　戦前のことも、結果論だけで「間違った戦争でした」と教えるだけではダメ。日本だって戦争を避けるための努力や工夫はしたんだから。軍部の代表である東条英《とうじょうひで》機《き》をわざわざ首相にして、米国に甲案と乙案を出して、「このへんまで軍を引きますけど」とか「東南アジアのほうも引いてもいいです」とか、いろいろ提案したんだけど、米国は甲案も乙案も蹴った。こうなると、打つ手がない。石油も止められていて、あと一年も、もたない状態だった。ここで教師が**「キミが日本政府だったら、どうしま**

すか？」と生徒に聞いてみればいいんだよ。「戦うしかないです」「でしょ？」っていう話になるから(笑)。

清水　実際、当時は国民の多くもそれを支持したんですしね。

小林　戦後七〇年の安倍談話では、「日清・日露戦争まではよかったけど、日本は満州事変から悪かった。第一次世界大戦後の世界体制に反抗してしまったのがいけない」という話になってますよね。でも、わしが教師だったら、こんなふうに教えるよ。

「第一次世界大戦後につくられた国際連盟で、日本は世界で初めて人種差別撤廃を提案した。米国は強く反対したけど、アジア各国はみんな賛成。多数決でも、賛成のほうが多かった。しかし満場一致ではないから認めてもらえない。結局、欧米の植民地は現状維持で、新興国は植民地をつくってはいけないと決められてしまった。**あなたはこれを受け入れられますか？**」。こういうことなんだよ、当時の世界というのは。

清水　ふつうに考えたら、受け入れがたいですよね。

小林　そりゃそうですよ。実際、日本はここで「ふざけるな。なんで白色人種だけが植民地を持てるんだ」と反発して、満州国をつくっちゃったわけ。で、そこに満州鉄道があったから、*42杉原《すぎはら》千畝《ちうね》がユダヤ人にビザを書くことができたんだよね。ユダヤ人たちは、満鉄を使ってアジアのほうに逃げてきた。学校では杉原千畝ばかり偉人として教えられるけど、満州国がなければあの美談も生まれなかったんだよ。

当時の日本はすでに日独伊三国同盟を結んでいたから、ユダヤ人の逃亡を助けたら同盟国のドイツを裏切ることになる。でも満州国は「五族協和」という基本理念を掲げていた。その根底には平等思想があるから、ユダヤ人を虐殺するわけにはいかない。そう考えたら、満州事変以降の日本が本当に悪かったのかどうか、簡単にはいえないでしょ。

清水　**単に欧米社会にとって都合の悪い国だっただけ**ですよね。

小林　だから、わしは安倍談話なんかまったく評価してないんです。あんなものは、あとづけの作文にすぎないんだよ。そこには先人の弁明がない。

清水　あとづけといえば、戦争の呼称もそうですよね。学校では「太平洋戦争」と教えるけど、当時は誰もそんな言葉を使っていなかった。

小林　二〇年くらい前までは「大東亜戦争」という言葉を使うだけで極右扱いされた

からね。出版社も自主規制して使わせなかった。でも、わしが『戦争論』で平然と「大東亜戦争」と書いたら、みんな「そういうもんだ」と思うようになって、いまではふつうに使われてますよね。戦後に米国が「太平洋戦争」と呼ばせただけで、当時の名称は「大東亜戦争」だったんだから、歴史的事実を掘り起こして書けば当然、「大東亜戦争」になってしまうんだよ。つまり、**歴史観の問題は、誰かが勇気をもってやり始めれば変えることはできる**んです。

＊42　杉原千畝（一九〇〇‐一九八六）　外交官。第二次世界大戦中、ナチスに迫害されたユダヤ難民にビザを発給。六〇〇〇人ものユダヤ人を救ったとして、「東洋のシンドラー」と呼ばれている。

だから「ネトウヨ」はダメなんだ

清水　ある本で、こんな話を読んだことがあります。民主主義の前は君主制ですよね。その君主が民のことを思いやる人物なら名君として受け入れられるけれど、暴君が圧政を行なうと嫌がられるので、君主制に代わる民主主義ができた。だとすると、民主主義の最終目標は個人個人が王様になることではないか。その意味では、いまの日本は民主主義が完成した状態といえるかもしれない……なるほど、と思いました。

たとえばツイッターでも、王様のように振る舞っている人は多いですよね。その一人ひとりの「王様」が公共心を持って行動すれば「名君」になれるんでしょうが、実際はほとんどの人が自分のことだけしか考えていない。**結局、民主主義になっても「暴君」が世の中を支配することになっているわけです。**これでは、なんのために君主制をやめたのかわかりません。

小林　たしかに、そうだよね。みんな、自分自身が絶対君主になってしまって、他人のことを奴隷だと思っているから、民主主義に不可欠な議論も成り立たない。そういえば先日も、映画館でひどいクレーマーを見かけましたよ。何があったか知らないけど、おばさんが映画館の入口で従業員をものすごい剣幕で罵《ののし》ってるの。もうすぐ映画が始まってしまうから、並んでるほうは迷惑なんだけど、そんなことはおかまいなし。あれなんか、まさに暴君だよね。自分が王様だと思ってるから、まわりの人がまったく目に入ってない。パブリックマインドがゼロ。店員や従業員なんか奴隷だと思っているんだよ。

清水　僕なんか店にクレームの電話が来たら、「だったらほかの店で買え、バカヤロー！」っていって切っちゃうんですけどね(笑)。ほんと、ひどいのがいるんですよ。「ホームページから注文しようとしたけど、アマゾンなら送料無料なのに、なんでおまえのところは送料を取るんだ」とか文句つけるんです。「だったらアマゾンで買え」っていう話でしょ。

小林　消費者であるというだけで、「個」ができあがると思ってるんですよ。

清水　先生の本の中で、**「人間は生産を通じてでなければ付き合えない。消費は人を孤独に陥れる」**という、＊43福田恆存《ふくだつねあり》の言葉を知ったときは感激しました。

小林　子どものときからずっと、消費者であるだけで個だと思い込んでしまっているんですよ。本当は生産する場に行かないと、近代的な個なんてできるわけがない。

清水　働く人の大変さがわかれば、そんなバカみたいなクレームはつけないですよね。それにしても最近は、先生の本にも書かれていたとおり、高下駄《たかげた》を履いて偉そうな気分になっているように見える人間が目立ちます。中国や韓国の悪口ばかりいう本もそうだし、自己啓発本の多くもそんな感じですが。

小林　自分自身には何もないくせに、見くだして罵倒する相手がほしいんだろうね。嫌韓本なんか、よく飽きずに次々と出すよなぁ。「まだやるか」とあきれるぐらい延々とやってるのが、不思議でしかたがない。まあ、わしもその気になれば中国や韓国のダメなところはいくらでもいえますけどね(笑)。たとえば中国人と韓国人の公共心のなさ加減とかね。韓国なんか、日本人がノーベル賞を受賞するたびに「なぜ韓国は受賞できないのか！」と騒いでるけど、もとを正せば公共心に欠けていることが問題なのよ。

清水　日本人受賞者は、自分の利益のために研究しているわけではないですもんね。

小林　そうなんだよ。二〇一五年に生理学・医学賞を受賞した大村智《おおむらさとし》[*44]さんだって、人の役に立つことだけをやりたい一心で少しずつ土を集めてきて、ハッと気づいたら多くの病人を救っていた。自分のエゴのためだけに勉強してもノーベル賞なんか無理ですよ。ノーベル賞がほしかったら、まず人々の公共心を育てないとダメ。

だけど、いまネットで反中・嫌韓のヘイトスピーチをやってる連中にも、公共心がないんだ。自分のことを棚に上げて、中国や韓国の悪口ばかりほざいてる。わしから見れば、どっちも公共心がない点で同じなんだよね。公共心があったら、公の場で薄汚い罵倒語を吐き出すのはみっともない、と思うはずでしょ。**そういう意味で、ネトウヨたちは中国人や韓国人と同じレベルで戦ってる**んですよ。「おまえがいうな！」という状態。そんなことやってる暇があるなら、おまえらがもっと勉強して公のために働いたらいいかがですか、と。

清水　お互いに自分のエゴだけで発言しているわけですね。日本人が「恥の文化」を失おうとしているんでしょうか。

小林　まあ、羞恥心はないんだろうね。美学もないのは絶対。単純な話、汚らしいじゃないですか、他人を罵倒ばかりする姿って。だからわしは、中韓の何がダメかはしっかり分析しているし、心の中ではいろいろ思っているけど、ああいうことはやらない。

＊43　福田恆存（一九一二・一九九四）評論家、劇作家。保守派の文化人としていち早く平和論への批判を行なった。代表作に『人間・この劇的なるもの』（新潮社）などがある。

＊44　大村智（一九三五・）化学者。微生物の生産する天然有機化合物の探索研究を四五年以上も続け、四八〇種を超える新規化合物を発見。「線虫の寄生によって引き起こされる感染症に対する新たな治療法に関する発見」により、ウィリアム・キャンベルとともに、二〇一五年にノーベル生理学・医学賞を受賞した。

世の中全体が徹底的に劣化している

清水　古代ローマ社会の愚民政策を揶揄《やゆ》した「パン[*45]とサーカス」という言葉がありますが、いまの日本もそれに近い状態になっているような気がします。テレビをつければ、グルメ番組か安っぽいお笑い番組ばかりじゃないですか。**まさに「パンとサーカス」が日本を覆っているような印象を受ける**んですよ。

小林　そうですね。お笑い芸人やアイドルの中にはすごい貧困家庭で育った人も多いから、温かい目で見守ろうと思うんだけど、番組づくりはたしかにひどい。どうしてこんなに騒いでいるのかと思うぐらい騒いでるからね。

清水　芸能の世界とは思えませんよ。

小林　芸なんか見せたら視聴率が下がってしまうらしいよ。だから芸人なのに漫才もコントも見せず、ひたすら騒いでるんでしょ。本当にうるさいよね。たしかに「パンとサーカス」ですよ。あんなものばかり見ていたら、賢い人間は増えないわな。

清水　民主主義のために、有権者がまともな思考力や判断力を養おうと思ったら、やはりテレビより本だと思うんですよ。昔の権力者はそれを防ぐために焚書《ふんしょ》や禁書を行なったんでしょうけど、いまはなんでも自由に読めるにもかかわらず、人々がみずから「パンとサーカス」のほうを選んでいますよね。

小林　以前、宮台真司と*46東浩紀《あずまひろき》と三人で『戦争する国の道徳』（幻冬舎新書）という本をつくったときも、そんな話になりましたよ。世の中全体が徹底的に劣化している。そういう問題意識があるから、**三人とも期せずして自分の言葉を発信する場を持とうとしている**んです。わしは「ゴー宣道場」をやっているし、東浩紀は「ゲンロンカフェ」というのをやってるでしょ。宮台真司も、ＳＮＳをいっさい排除した閉じた空間で、自分の言論活動を展開している。あまりにもまともな言葉が少なくなってしまったから、とにかく議論する場をつくり上げるところから出発するしかないんだよね。

清水　ＳＮＳは、匿名の人たちの下品な罵詈雑言《ばりぞうごん》が飛び交う一方で、お行儀のよい綺麗ごとしかいわない人も多いですよね。それこそ「まじめ圧力」が強いから、過剰に自主規制して本音をいわない。いわゆる「言葉狩り」をみずからやっているような人も多いように見えます。

小林　以前の言葉狩りはひとつひとつの特定単語を対象にしていたけど、いまは全体的な言葉狩りをみんなが自主的にやっている感じかもしれないね。もう、特定の単語の是非を意識することがあんまりないんじゃないかな。いくら放送局や出版社が特定単語の規制をしたって、ネットの中では野放しですから。

わしが『差別論』を描いたときは、言葉狩りされた単語について「これは本当に差別なのか」ということが議論の端緒《たんしょ》にもなったんだけど、いまはネットで明らかな差別語がなんの規制もなしに使われてる。**ひとつの単語をめぐって「これは差別か否か」と面倒くさいことを延々と議論していた時代のほうが、幸福だったんですよ。**頭を懸命に回転させて考えなければならなかったから。いまはものごとを考えないし、議論もしない。そういう点でも言葉の劣化がひどいんだよね。

清水　本当にヤバい状態だと思います。

小林　だから、わしらが議論の場をつくるように、本を読む拠点づくりみたいなものを清水さんがどんどんやったほうがいい。

清水　そういえば、先生もよくスタッフの方に「本を読め」とおっしゃるそうですね。小林　ああ、うちのスタッフはバカだと思ってたけど(笑)、どういうわけか、いつの間にかけっこう読んでるみたいだね。

清水　「この本を読め」とかいうんですか？

小林　そんなことは絶対にいわないですね。それぞれが自分の好きなものを勝手に読んでますよ。ただ、もうちょっと漫画も読んでほしいと思ったりはする(笑)。「おまえら、なんか絵が下手になってない？　このセンスのままでいいのか？」という気持ちがないわけでもないから、漫画も読んで勉強してほしいかも。

清水　じつはうちの店は、昨年、小林先生以外のコミックを全部やめてしまったんですよ。扱っていたときは、コミックにビニールをかけるのがおかしいと思ってたので、かけてなかったんです。だけど、それだと延々と立ち読みされるんですね。いい大人が平気で二時間も三時間も立ち読みして、何も買わずに「ああ、疲れた」みたいな風《ふ》情《ぜい》で帰って行くんですよ。それで頭に来て、取り扱いをやめてしまいました。

小林　昔の本屋さんは、はたきで追い出してたよね（笑）。

清水　最近は、コンビニで新聞を立ち読みして戻す人もいるらしいですよ。

小林　ネットのせいで、なんでもタダで読めるのが当たり前という感覚になってしまったんだろうなぁ。新聞も雑誌も音楽もみんなタダになっちゃったからね。**そうやって、どんどん文化が廃れていくんですよ。**

＊45　「パンとサーカス」　詩人ユウェナリス（六〇 - 一三〇）が古代ローマ社会の世相を揶揄して用いた表現。権力者から無償で与えられる食糧と娯楽によって、市民が愚民化されていることを指摘した。「パンと見世物」ともいう。

＊46　東浩紀（一九七一 - ）　作家、思想家。著書に『動物化するポストモダン――オタクから見た日本社会』（講談社現代新書）、『クォンタム・ファミリーズ』（河出文庫）など。

議論の場をつくることが真の「革命」

清水　どうしたらいいんですかね。何か革命的なことでも起きないと、この頽廃的《たいはいてき》な状況は変わらないのかもしれませんが。

小林　政治的な革命じゃダメだからね。**人間の意識や感覚のレベルで革命が起きないといけない。**たとえば、これはありえない妄想かもしれないけど、SNSとは無縁な、本しか読んでいない若い世代がいるとして、彼らがデモではない議論の場をどんどんつくって地方都市まで広がっていくような動きが現れるとかね。そんなことが起きたら、「若者すごい！」と賞賛しますよ。ただし、その議論の場がタコツボ化してお互いに反対勢力をブロックするようではダメ。いまの論壇はそうなってるでしょ。右と左が相互ブロックして、相手のいうことにまるで耳を貸さない状態ですよ。

清水　それでは議論にならないですね。

小林　それぞれが自分たちの意見にうっとりして快感を得ているだけだからね。保守論壇の講演会なんかに行くと、「この日本にはもっと大きなポテンシャルがあると思いませんか？　いかがですか？」とかアジる奴がいるわけ。すると、集まったおっさんたちが「うおー！」って拍手喝采するの。もう、あきれかえってしまって「バカか？」と思うよね。同じ考えの人間だけが集まって、盛り上がっている状態。あんなマスターベーションにはなんの意味もない。

清水　お祭り騒ぎみたいなデモにも、それと同じものを感じます。

小林　そういう風潮が蔓延してるから、「ゴー宣道場」では絶対にそんな予定調和にしないんです。たとえば、わしは憲法改正すべきと考えているけど、護憲派の人間を呼ぶこともある。どういう理由で護憲なのか、聞いてみないとわからないじゃないですか。改憲派にだっていろんな意見があるんだから。**そういう議論の場を若い連中があちこちにつくり始めたら、わしは「おまえたちは革命を起こした」というかもしれない。**いまの日本で民衆の知性レベルを根本的に高める方法があるとしたら、そういうやり方しかないんですよ。わしや宮台や東は、それを始めたけど、若い世代がそれを始めたら本当に革命的な変化が起こるんじゃないかな。

清水　うちの店に来る若い人たちも、最初は何も知らないんだけど、本を読むといろんなことがだんだんわかってくるんですね。いままではそういう機会がなかっただけなんでしょう。ある男子大学生は、「本を読むようになってから友だちがいなくなった」というんです。話が合わないので、飲み会に誘われても「本の続きが気になるから」と断っているうちに、声がかからなくなった。でも、彼と話の合う若者もどこかにいるかもしれませんよね。「パンとサーカス」にどっぷり浸ってる子もいれば、そうじゃない子もいる。ちょっと気づけば、議論の場にどっと入ってくる可能性はあると思います。

小林　わしも学生のときは同じような経験をしましたよ。学生って浮かれてるから、友だちが車で迎えにきて「よお、小林！　どっか遊びに行こうぜ！」と誘いに来るんだけど、わしは本が読みたいから断るわけ。そうすると、「小林は本当につき合いが悪くなった」みたいなことをいわれるんだよね。でも、それに乗っていったらアホになる。**そう思ってたから、学生時代は孤独でしたよ**。大学に講義すら受けに行かない。朝から晩まで、ひたすら本を読んでいましたね。

清水 どうしてそこまでストイックになれたんですか。

小林 ある意味、焦っていたんだと思う。みんなと同じように過ごして大学を出たら、サラリーマンや公務員になるしかない。だから、漫画家になるためにはなんとか大学在学中に決着をつけねばならんと思ってたんだよね。そのために、本を読んで、自分が何を描けばいいのか、どうすればいちばん個性が出るのか、プロと自分の差はなんなのか……ということを考えた。それをやりながら、必死で漫画を描いて投稿をくり返していたんだから、完全に孤独ですよ。

清水 読書じたいが、ある意味で孤独な行為ですよね。

小林 孤独ではあるけど、その一方で、めっちゃくちゃ楽しいことでもあるからね。そこに描かれた時代の空気や登場人物たちの心情に同化して、別の世界に没入できる。**「パンとサーカス」の現実世界より、そっちのほうがはるかに楽しいと思えることも多いじゃないですか。**

未来の子孫のためにいまをあきらめよ

清水　先ほど、ネトウヨは中国人や韓国人と同じレベルで公共心をなくしているという話がありましたが、そういう風潮がある一方で、東日本大震災のときは日本人が「公《おおやけ》」の精神を見せました。暴動も起こさず、みんなちゃんと並んで順番を待つとか。その姿を見た外国人から驚いたという話も聞こえてきましたよね。ああいう非常事態が起こらないと、日本人の公共心は出てこないんでしょうか。

小林　あのときは、被害があまりにも大きかったからね。わし自身、国が滅びるんじゃないかというほど強い衝撃を受けて、その勢いで描いた『国防論』なんかは、ちょっとトチ狂ってるところもあった(笑)。でも日本人にはすぐに諦観《ていかん》する感覚があるから、わりとすぐもとに戻りましたよね。欧米人は自然に対抗するんだけど、日本人は大昔から、自然災害に襲われて壊滅してはまたそこに家を建てるということをくり返してきた。災害が起きたときは「ああ、やっぱ自然には負けるわ」と思うんだけど、「まあ、次はしばらく来ないだろう」と思って、復旧するわけ。

清水　そうやって、痛みも忘れていく。

小林　ただ今回の場合、復旧の方向に問題があるんですよ。たとえば津波を食い止めるために防潮堤《ぼうちょうてい》をつくって海を見えなくしてしまうなんて、西洋人の発想でしょう。土建屋はもうかるのかもしれないけど、漁村で海が見えない生活なんてありえない。せいぜい防潮塔をつくって、いざとなったらそこに逃げ込むぐらいにするのが、自然を受け入れる日本人の感覚だと思いますね。

それに、日本人本来の「公」の感覚からいけば、自然には逆らえないんだから、**いざというときはお互いに助け合わなきゃダメだということを学んで、そのために地域をいかに再生させるかという発想になる**はず。ところがいまは東北の人たちの中にも、故郷を捨てて便利な生活を選べばいいと考える人が大勢いるんだよね。だから地域を再生させるような政策が実施されないし、原発事故の汚染水も平気で海に垂れ流しているから、漁業そのものが危うくなっているんですよ。

清水　震災で出てきた日本人の公共心は一時的なものだったんですね。

小林　日本政府も、「一億総活躍」とか「経済成長」みたいな話ばかりして、地域の共同体を再生することなんか少しも考えてないからね。**本当に「公」の精神を持つなら、いまの時代をあきらめなければいけない**とわしは思うんですよ。われわれが生きているあいだに経済がよくなったり活力が戻ったりすることはあきらめて、未来の子孫のためになる政策をいまから地道にやっていく。地域の共同体を再生して、子どもを産みやすい環境を育てるために、目先の経済成長は断念して未来への投資の時代にしないといけないんですよ。

清水　将来の日本人のために、現在の日本人が我慢する。そこにも歴史の「縦軸」がありますね。「横野郎」にそんな発想はできません。

小林　いま生きてる日本人に利益はないけど、そうやって共同体を再生していけば、何十年後かの日本人は子どもを産んでも近所に預けて働けたりするわけですよ。**わしはもう死んでるけど、子孫がそれで繁栄するなら、それを見られなくてもいい**。それが公共心というものでしょう。

でも、みんな「いま」をあきらめることができないんだよね。「いまのうちにもっと稼ぐんだ！」としか考えていない。その考え方だと、未来がなくなっていくんだよ。どんどん子どもを産みにくくなって人口が減少し、生産性が低下していく。それで労働力をおぎなうために「移民を受け入れるべし」という話になるわけでしょ。するとますます排外主義者が増えて、過激なナショナリズムが台頭する。国柄《くにがら》が失われて、日本は没落する一方だよね。縦軸の公共心を失うと、そういうことにしかならないんです。

清水　なるほど。私欲にまみれた個人主義者には持ちえない公共心のあり方ですね。

小林　個人主義的に考えれば、わしらの世代なんかはこのまま勝ち逃げできるんですよ。自分が生きているあいだだけ、面白おかしく暮らせればいいんだから。でも、わしみたいに還暦を過ぎると、もう孫の世代の姿が見えるんだよね。自分には子も孫もいないけど、「ゴー宣道場」をやっていると、三〇代や四〇代の参加者たちが結婚したり、子どもを産んだりするでしょ。その赤ちゃんを道場に連れてくる人もいるわけ。わしにとっては、孫の世代ですよ。それを見ちゃうと、この子や、その下の世代がどうすれば幸福になれるかをどうしても考えてしまう。

自分だけ勝ち逃げするわけにはいかないですよ。でも、そういう公共心の持ち主は少ないよね。日本人はすっかり強欲になってしまった。

清水 とくにお年寄りに強欲な人が多いですよね。孫もいるだろうに。

小林 そうだよねぇ。もうじき死ぬのに株なんか一生懸命に買っちゃってね（笑）。本やテレビ番組も、お金がすぐもうかる方法とか、美容や健康とか、目の前にある現世利益を与えてくれるものが人気あるし。

清水 最近は「生き方本」みたいなものも多いです。

小林 それも結局、いま自分がどうすればより幸福感を得られるかという話だからなぁ。しかも、いま本をたくさん読むのは年寄りなんだよ。ネットは見ないけど活字が読める世代。その世代は暇も金もあるから、そこにウケるような本を書くとよく売れる。曽《そ》野綾子《のあやこ》なんかをベストセラーにしてるのは、明らかに年寄り世代でしょ。本で何かを伝えるのはそこが難しいんだよね。働いてる現役世代は日々の生活に追われてるから、本を買う余裕も、読む余裕もない状態。そのうえで、ツイッターの一四〇字しか読めない若い世代も増えている。彼らに本を買わせるのは本当に難しいよ。

若者は本来「反体制」であるべきだ

清水　デモに集まる若者たちを見ていると、思想や議論ではなく、単に何か強い刺激を求めているようにも思えるんですよね。

小林　それは、**若者文化がなくなってしまったから**なのよ。音楽にしろ映画にしろ、昔はつねに若者だけのカルチャーがあったでしょ。漫画もそうだよね。たとえば七〇年安保の時代には、学生がみんな『あしたのジョー』[*47]を読んでいたし、東大の安田講堂には『もーれつア太郎』[*48]のニャロメの落書きがあった。映画では、『唐獅子牡丹《からじしぼたん》』の高倉健[*49]が大人気でしたよね。いろんなジャンルに、若者が夢中になれるサブカルチャーがあったわけ。いまはそれが消滅してしまったんですよ。

清水　いわれてみると、たしかにそうですね。

小林　若者のあいだで何が流行ってるか、よくわからないでしょ？　『平凡パンチ』や『週刊プレイボーイ』みたいな若者雑誌の文化もなくなってしまったよね。若者たちが夢中になれるものがないんです。

清水　竹の子族みたいな流行もありましたよね。あれは異常なくらいでした。

小林　そうそう。踊りの文化もいろいろあって、バブル時代はみんなディスコで熱狂してたわけ。若者たちはそれに熱中していればよかったんです。いまはそれがない。デモでラップをやるのを「若者らしい」と思う人もいるだろうけど、**あんなの二〇年前の薬害エイズでやった手法**ですよ。少しも新しくない。いまだに彼らがラップをやってるのは、若者文化が発展していない証拠だよね。

そもそもラップというのは不良の文化で、わしの友だちのZEEBRA[*50]なんかも不良ですよ（笑）。ところが、いまデモやってる学生たちは、メッセージをラップに乗せると大人たちに「お利口さん、お利口さん」と頭をナデナデされるんだよね。そんなラップは、もはや若者文化としての意味を失ってるとしかいいようがない。七〇年代の学生たちが「われわれは～！　日本帝国主義を～！」って語尾を伸ばして演説してたのと変わらないよ。ちゃんとスピーチできないからラップでやってるだけ。まあ、自分たちの世代に特有の文化がないのは気の毒といえば気の毒だよね。夢中になれるサブカルチャーがないから、ああやって集まってお祭り気分に浸るぐらいしかできないんでしょう。

清水　自分たちで新しい文化を生み出すこともできないんですかね。

小林　根本的に活力がなくなっているから、新しいものを生み出そうという感覚そのものがないのかもしれないね。**本当は、若者は反体制じゃないとおかしいんですよ。**大人世代の抑圧に対抗するのが若者本来の姿でしょ。たとえば六〇年代の米国ではボブ・ディラン[*51]が出てきて、「三〇歳以上の奴らを信じるな」といったし、日本でもディランの影響を受けて吉田拓郎[*52]なんかが登場した。その吉田拓郎がコンサートで『結婚しようよ』を歌ったら、観客がみんなでブーイングしたんだからね。「なんなんだ、その軟弱な歌は!」「反抗心はどこへ行った!」「体制に懐柔されやがって、ふざけるな!」みたいな感じになったわけですよ。

清水　曲そのものはヒットしたけど、ファンは売れることじたいも気に入らない。

小林　そうなんだよ。ロックは基本的に反体制のカルチャーだから、ファンにも反骨精神がある。その一方でアイドル的な存在としてグループサウンズがあったんだけど、ロックファンはそれを相手にしなかったんだよね。グループサウンズのブームが終わったころ、ザ・タイガースのジュリー[*53]と、ザ・テンプターズのショーケン[*54]をボーカリストにした「PYG」（ピッグ）というグループが結成されたんだけど、音楽的にはかなりレベルが高かったのに、ロックフェスで大ブーイングを受けたのよ。「てめえら、アイドルのくせに、いまさら何がロックだ！」と。昔の若者には、そういう独自の価値観があった。ロックもラップも不良の文化だから、大衆ウケしたり大人にほめられたりしたらダメなのよ。

＊47　『あしたのジョー』　梶原一騎原作、ちばてつや画によるボクシング漫画。『週刊少年マガジン』に一九六八年から一九七三年まで連載され、フジテレビ系列でテレビアニメ化もされた。主人公ジョーのライバルである力石徹が作中で死んだときには実際に葬儀が行なわれるなど、社会的にも多大な影響を与えた。
＊48　『もーれつア太郎』『おそ松くん』『天才バカボン』に並ぶ、赤塚不二夫の三大ヒット作のひとつ。『週刊少年サンデー』に一九六七年から一九七〇年まで連載され、テレビ朝日系列でアニメ化もされた。
＊49　高倉健（一九三一‐二〇一四）　俳優。代表作は『日本侠客伝シリーズ』『網走番外地シリーズ』『昭和残

侠伝シリーズ』『八甲田山』『幸福の黄色いハンカチ』『野性の証明』など。

＊50 ZEEBRA（一九七一‐） ジブラ。ヒップホップMC。キングギドラのメンバーとして一世を風靡した。DJ DIRTYKRATES名義でDJとしても活動。

＊51 ボブ・ディラン（一九四一‐） 米国のシンガーソングライター。詩人としてノーベル文学賞の候補者に名前が挙がる。二〇〇八年には「卓越した詩の力による作詞が、「ポピュラー・ミュージックと米国文化に大きな影響を与えた」としてピュリッツァー賞特別賞を受賞した。

＊52 吉田拓郎（一九四六‐） シンガーソングライター。『結婚しようよ』『旅の宿』『夏休み』などのヒット曲がある。作詞・作曲家として森進一に提供した『襟裳岬』は、一九七四年に日本レコード大賞を受賞した。

＊53 ジュリー 歌手、沢田研二（一九四八‐）の愛称。一九六七年から一九七一年までザ・タイガースに在籍。

＊54 ショーケン 歌手、俳優の萩原健一（一九五〇‐）の愛称。一九六七年から一九七〇年までザ・テンプターズに在籍。

「選挙に行こうぜ！」なんてロックじゃない

清水 反抗すべき大人の側が弱くなったから、若者文化も廃れたんでしょうか。

小林　まあ、変に若者に迎合する大人が増えたのはたしかでしょうね。でも、結局は大人の利権集団が社会を牛耳っているわけだから、反抗すべき相手はいまでもいるんですよ。時の政権も含めて。ところが、安倍政権に反対するＳＥＡＬＤｓが反体制になりきれないのは、「戦争反対！」というからなの。これは大人が喜ぶ主張なんですよ。おばあちゃんたちが「いいことといってくれるねぇ」「ＳＥＡＬＤｓは私たちの希望だわ」とほめてくれるでしょ。**安倍政権も、それに反対するＳＥＡＬＤｓも、戦後体制擁護派という点では同じ**なんだよ。だから、いくら政権にノーを突きつけても反体制にならない。米国がつくり上げた戦後体制にノーを突きつける若者なんかいないじゃない。

清水　そんなの考えたこともないでしょうね。

小林　もし、あのデモ隊が国会前で「徴兵制賛成！　国民軍賛成！」「米軍は出て行け！　おれたちを徴兵しろ！」って叫んでたら、これは政権にとって恐ろしいですよ。大人たちも「とんでもない若者が出てきた」と震え上がるでしょう。でも、そんなこといってるのはわしだけだから。わしだけがロックなんですよ。還暦すぎたのに（笑）。

いい加減、もっと若い奴にこの反体制のポジションを奪ってほしいよね。そうしたら、また別のものを描けるからさ。『おぼっちゃまくん』を描いてくれという依頼だってあるんだし。

清水　それも読みたい気持ちはありますけど、まだまだロックの世界でがんばっていただかないと(笑)。

小林　**実際、そんな奴らがいないから、がんばるしかないよね。**お利口さんな若者ばっかりだからさ。日教組にさえほめられるような若者しかいないんじゃ、ロックにならないよ。わしが『戦争論』を描いたときは、日教組が会議で対応を検討したりしたんだから。ＳＥＡＬＤｓなんか、安保法制が国会で通ってしまったとたん、「選挙に行こうぜ！　選挙に行こうぜ！」っていい始めたからね。そのまま内閣府のＣＭに使えるぐらい体制ベッタリ(笑)。まったくロックじゃないんだよ。不良性は皆無。あれを聞いたときは、本当にガックリしちゃったよ。お利口さんすぎるだろ。

清水　自分なんか、「選挙に行くな」っていってましたよ。過去の投票率を調べてみると、一九五〇年からしばらくのあいだは九〇パーセント以上あったんです。いまはそれが半分ぐらいまで減ってますよね。政権交代してみたら、民主党も自民党もろくなことをしないとわかって、選択肢がなくなっちゃった。だったら、いっそのこと投票率がゼロになっちゃったほうが面白いことが起きるかもしれないと思うんです。

小林　そういう主張をするのが不良なんですよ。「選挙に行くなよ！」って叫んでたら、みんな「悪い奴らだなあ」って思うでしょ（笑）。「選挙に行こうぜ！　選挙に行こうぜ！」では、なんのインパクトもない。**若い世代の中から、ここまで従順な羊が育つというのはじつに恐ろしいこと**ですよ。大人たちに頭をなでられたくてやってるだけだからね。

清水　マスコミもチヤホヤと、もてはやしますからね。

小林　そうそう。マスコミ報道がお利口さんをモンスター化させちゃったんだよ。報道で「若者たちが立ち上がった」とかあおるから、さらに若者が集まってくる。マスコミに踊らされて、「あそこに行けばお利口さんになれるのね～？」ってフラフラ出ていくんだよ。もちろん、そんなものに踊らされない若者も本当はいるだろうと思うけど、そこに世間のスポットライトは当たらない。いつの世もそうなのよ。援助交際が流行ったのも、それをやってる女子高生にスポットライトを当ててるから、そんなの知らなかった子たちもやるようになった。マスコミが育てちゃうんだよね。

清水　いまのSEALDsは、薬害エイズのときに集まった学生とも違うんですか。

小林　いや、似ているんだよ。薬害エイズのときも、反骨精神で集まっていたわけではないんです。あれはそもそも政治的なイデオロギーとは関係ない戦いだったからね。薬害エイズで死んでいく子どもたちを助けるための運動だった。

清水　だから先生も積極的に関わったんですよね。

小林　ところが、デモをやっているうちに、それじたいが楽しくなってしまうんだよね。やがて、街宣車の上で「エイズにかかった被害者のみなさんのおかげで、私の人生は充実しています！」なんて演説する学生も出てきちゃった。これはヤバいと思ったよ。デモに生きがいを感じちゃったら、日常に戻れなくなってしまうから。

実際、[*55]菅直《かんなお》人《と》が謝罪をしたときに、わしが「これで終わりだ。日常に帰れ」といったら、みんな「帰りたくない」「こんなに楽しいフェスティバルなのに」と反発し始めたんです。消費者としての私的な「個」でしかないから、**最初は被害者の子どものた**

めにやっていたことなのに、いつの間にか自分のための運動になってしまうんだよね。それに生きがいを感じるようになってしまうから、デモから抜けられなくなるの。

清水 たしかに、そうなるといまのＳＥＡＬＤｓと変わらないですね。

小林 まったく同じ。わしには薬害エイズ運動を再現しているようにしか見えないですね。

＊55 菅直人（一九四六・）元総理大臣。一九九六年、村山内閣の総辞職後に成立した第一次橋本内閣で厚生大臣として入閣し、薬害エイズ事件に所管大臣として対応した。

4章

「死生観」なき日本人

「自己啓発本」では何も変わらない

清水　前に、いわゆる「現世利益」を与える本しか売れないというお話がありましたが、少なくともうちの店を見ているかぎり、その流れが変わってきたようにも感じるんですよ。以前は「どうすれば幸せになれるか」みたいな生き方本や自己啓発本がよく売れていたんですけど、最近はほとんど売れない。

小林　そうなんですか？　自己啓発本って、一時はものすごく売れていたでしょう。

清水　逆に、『頭山満伝』[*56]という六二〇ページもある本が、二～三〇〇冊も売れてます。

小林　えーっ！　それはすごいね。

清水　値段も四〇〇〇円近くするんですよ。だから僕らも「変わったよね」って驚いてるんです。まだ出版社や本屋さんの多くは気づいていないかもしれませんが、傾向は変わってきたように思えるんですよねぇ。

小林　だって、自己啓発本すごかったよね。うちのスタッフの時浦も、何度もハマったと告白してたよ。「あれを読むと自分が変わったような気がするけど、何か月か経ってみると何も変わっていない。で、また次のやつを買って読んだら、また自分が変わったような気がするんですよ。あれは全部ニセモノなんです!」とかいうから、「そんなもん当たり前だろ!　読む前に気づけ!」っていったんだけど(笑)。

清水　でも、そんな人は世の中にたくさんいるんでしょうね。

小林　そういえば、安保法制反対デモに参加した女のライターが、『AERA』でこんなこと書いてたな。「私は、この学生たちにデモで社会を変えてほしいとは思っていない。ただ、参加したことでちょっぴり自分が変わったような気がする」って。これって、完全に自己啓発セミナーのノリだよね(笑)。自分が変わるためにデモに参加してるんだよ。それを自分から堂々と告白するんだから、あきれ果てる。

清水　それを「いい話だ」と思う読者が多いということでしょうね。

小林　オウム真理教もそうだったけど、自分の精神的なステータスが簡単に高まると思ってるんだろうね。**自己啓発本もカルト宗教団体もデモも、そのための手段になってる。**

清水　ちょっと前には、よく「ワンランク上の自分」なんて言葉も見聞きしました。

小林　そうそう、それそれ。本来、そういうのは自分の中の蓄積によってもたらされるものだから、今日の自分が明日になったらガラリと変わるなんてありえない。少しずつ蓄積した教養や経験がいつの間にか実を結んで、ふと気づいたら「あのときよりも成長したな」と思えるわけでしょ。それには、やはり何年もの歳月がかかる。本を一冊読んだり、デモに参加しただけで、「あっ、変わった！　昨日の自分とはもう違うぞ！」なんてことはないのよ。そう感じたとしたら、ただの錯覚にすぎないよね。

清水　悔しい思いをしたり、時には涙を流したりしながら、ちょっとずつ変わっていくものですよね。たとえば自分なんか、柔道を始めたとき、半年間はひたすら投げられていたんですよ。技をかけても全然かからない。泣きたくなるくらい投げられっぱなしでした。ところがある日、いつもと同じようにやっているつもりだったんですけど、初めて相手を投げることができたんです。感激しましたよ。でも、それは半年間の悔しい経験があったからこその成長なんですよね。

小林　投げられっぱなしということは、畳の上で柔道はやらせてもらったんだから、まだマシですよ。わしなんか、中学校で卓球部に入ってから半年間、素振りだけだったからね。もう、卓球台に接近することすら許されない。部員数のわりに卓球台の数が少ないから、上級生しか使えないの。下級生はラケット握って素振りだけ。おかげで（右手を前後に振りながら）素振りの型がいまだに体に染みついてるのよ。これしか学んでないの。耐えきれずに、卓球をやる前に飽き飽きしてやめてしまったんだけどね（笑）。

清水　卓球部をやめてからは何もやらなかったんですか。

小林　中学では何もやらなかったね。高校では無線部に入ったんだけど、部室に理科室みたいな長い机があったんだよ。それを寄せ集めて卓球台にして、ネットも張って、思うぞんぶん、卓球をやった（笑）。

清水　そんなに卓球がしたかったんですね（笑）。

小林　そうそう。暗幕を閉めて、外から見えないようにしてね。まあ、カコーン、カコーンって音が廊下に響き渡っていたから、バレてるんだけど（笑）。無線部なのに、卓球ばっかりやってた。まあ、そんなにやりたいなら中学の卓球部をやめなければいいんだけど、何しろ飽きっぽいからさ。

＊56 『頭山満伝』 元読売新聞記者、井川聡（一九五九‐）による大著。西郷隆盛の志を継いで日本とアジアの真の独立を目指した「最後のサムライ」、頭山満の実像を描いている。潮書房光人社刊。

どれだけ自分に「ストレス」をかけられるか

清水 前にも「飽きっぽいから同じ作品を描き続けるのはイヤだ」とおっしゃっていましたが、そんな小林先生でも、漫画を描くことじたいに飽きることはないんですよね？

小林　ああ、**それだけは飽きることがないね**。不思議なことに、最近はむしろ絵を描くことが好きになってきたんですよ。昔は絵を描くのが苦痛だったのに、それが楽しいと感じられるようになってきて、この歳になってやっと上手くなり始めた（笑）。だから、飽きないですね。

清水　単純に考えると、漫画家になるのは絵が好きな人だろうと思ってしまいますけど、人によって違うんでしょうね。絵を描くのが好きなタイプの人と、物語をつくるのが好きなタイプの人と。

小林　たぶん、いまの漫画家は絵から入る人が多いと思うよ。みんな、絵を描くのがムチャクチャ好きなんだと思う。実際、「なんでこんなに上手いんだ」と驚くほど上手い奴もいるからね。わしは逆にギャグやストーリーを考えるほうが好きで、絵を描くのが面倒くさくてしょうがないタイプ。たぶん、手塚治虫も絵はあんまり好きじゃなかったでしょ。次々とストーリーが湧き出してきて、それをとにかく描きたい人だったんだと思う。絵はそれを表現するための記号だと思っていた。

清水　手塚治虫は自分も一時期ハマりましたね。全部読んでやろうかと思ったこともあります。作品が多いので果たせていませんけど。

小林　あれだけのアイデアが出てくるのは、すさまじいよね。でも、なんの苦労もなかったわけではない。あの『ブラック・ジャック』を出したのは、虫プロが倒産したあとでしょ。だから、**人間って追い込まれると新しい道が開けたりするんだよ。**わしも『東大一直線』が終わったあと、どんどんお金がなくなっていってね。成城学園に仕事場を移した段階で、「こんどヒット出なかったら福岡に帰る」と宣言したの。そうしたら、次に描いた『おぼっちゃまくん』がヒットしちゃったわけ。ほとんど博打《ばくち》だよね。

清水　何年くらいヒットが出なかったんですか？

小林　五～六年かな。『少年キング』にも『少年マガジン』にも『少年サンデー』にも連載したんだけど、描いても描いてもヒットしない。大変でしたよ。

清水　やっぱり追い込まれないとダメなのかもしれないですね。

小林　ストレスが大事なんですよ。**どれだけ自分にストレスをかけられるかが勝負。**

清水　それは本当にそう思います。みんなストレスを悪いものとしか思わずに、「ストレスを解消しましょう」「癒やされましょう」という話ばかりするけど、あれは絶対ウソですよ。ストレスは人間を鍛えてくれる。

小林　地獄を見ていない人たちには、本当のストレスがどんなものかわからないんだよ。わしは地獄を見てきたから(笑)。とてつもない極限状況に追い込まれて、それを乗り越えるような経験ができる人間は幸運なのかもしれない。それだけ成長できるし、どんどん怖いものがなくなっていくわけだから。

清水　うちの店も、駅から遠くて「こんな場所じゃ無理だ」といわれたから、いろいろ考えて工夫したんですよね。だから、**いま振り返ると「この場所でよかったな」と思うんです。**これが駅前のいい立地だったら、なんの努力もしなかったでしょう。

小林　苦境からいろんな工夫をし始めるんですよ。

清水　その点、いまの若い人たちはどうなんでしょうね。就職活動に失敗して自殺してしまう人が年に何人もいるとも聞きますが。

小林　就職活動、キツいだろうねぇ。偉そうな人の前に座らされて、なんやかんやイチャモンつけられて、落とされる。何十社も受けるわけでしょ。わし、そういうことできないんだよね。ほんと大変だと思うわ。それで自殺しちゃうのは、いじめ自殺する子どもたちと変わらんよ。「自分は生きる資格がないのか」と思い詰めてしまうんだろうな。

清水　そこ以外にも生きる世界があることが見えなくなっちゃうのかもしれません。

もっと子どもたちに「毒」を与えよ

小林　でも、わしの子ども時代にも、「レールから外れることの恐ろしさ」は植えつけられたよね。あえて当時の言葉をそのまま使うけど、福岡の中洲《なかす》の橋のたもとに乞食《こじき》がいて、親父にいつも「おまえもこんなふうになったらおしまいだぞ」といわれてたよ。「漫画家になるなんていうとったら、こんなんなるんや。乞食になりたいか」って(笑)。だから子どものときは、乞食を見るの怖かったよ。

清水　そういう感覚はわりと広く共有されていたと思いますよ。「ちゃんと勉強しないと乞食になってしまう」という強迫観念みたいなものはありましたよね。

小林　ところが最近は、乞食がファッショナブルにしとるからな（笑）。もっとボロボロの格好して、道端に座って前に空き缶を置く。そういう姿を世の中に見せることが大事。

清水　乞食も差別語ということになっています。もともとは托鉢《たくはつ》を意味する仏教用語だそうですから、それじたいに差別的な意味はないはずですけど。

小林　いまは「ホームレス」とかいうでしょ。やっぱり「乞食」だからいいんですよ。**言葉を言い換えていたら、概念すら変わってしまう**。あれは、子どもに対する教育として機能していたんだよね。

清水　生々しい現実を見せないといけませんよね。毒があるから強くなるわけで。言葉狩りも含めて、いまは社会から毒をすべて消そうとしているように感じます。

小林　そうそう。「デオドラント社会」だよね。すべてがデオドラントされて、完全に無菌状態の清潔な社会をつくろうとしている。

清水　そういう社会に育ってきて、毒への免疫がなくなっているから、就職活動に失敗しただけで絶望してしまう面もあるかもしれませんね。そういう意味では、小林先生にはこれからもバンバン毒をまき散らかしてほしいです(笑)。

小林　わしのは読者に高ストレスを強《し》いる漫画だからね(笑)。でも、だから精神的にタフな奴らしか読まないのかもしれない。

清水　ただ、さっきもお話ししたとおり、うちの店では読者の傾向が変わっていますからね。毒を食らって「はっ！」と気づく人はこれから増えるかもしれません。**就職活動で苦しんでいる子たちも、うまくいかないときこそ毒を食らえばいい**んですよ。

小林　デオドラント社会の中で軟弱な日本人が増えると、移民なんか受け入れたときに負けちゃうよね。外国から入ってくる連中は何がなんでもで生き抜こうとするバイタリティがあるから。いまの日本人はそれを失っている。

それに対して、わしのギャグ漫画に出てくる登場人物は、バイタリティがものすごく強いのよ。『おぼっちゃまくん』で描いたびんぼっちゃまくんなんか、洋服は前だけで後ろはケツ出してるんだけど、「落ちぶれて、すまん」とかいいながら、ふんぞり返ってるんだよね（笑）。そういう姿を通して、人間はそう簡単にプライドを捨てちゃならん、ということを子どもたちに教えているわけですよ。実際、読者アンケートでは、親からペロペロ顔をなめられながら育ったおぼっちゃまくんより、びんぼっちゃまくんのほうが好きという子どもがたくさんいた。毒を盛ることで、そういう生き方を教えることができるんだよね。

清水　そういう面の漫画の影響力はすごく大きいと思います。

小林　ところが小学館漫画賞を受賞したときは、審査員に「こんな下品な作品には本当は賞を与えたくなかった」なんていわれたんだよ。

清水　ふざけた話ですよね。

小林　だからわしもスピーチで「こんな漫画に授賞するのはよっぽどの勇気ですね」といったのよ。そうしたら翌年、審査員が代わってしまった。

清水　更迭《こうてつ》されてしまったんですか（笑）。

小林　品の良い漫画だけを賞賛するなんて、悪い冗談としか思えないよね。**漫画は、基本的に悪いことを教えるもの**でしょ。悪い兄貴みたいな役割を果たして、子どもたちにバイタリティと毒をいっぱい与えなくてはいけないわけ。学校の先生は綺麗ごとばかり教えるから、漫画が同じことしてもしかたがない。「世の中にはこんな悪いこともあるんだぜ」と教えてくれるから、子どもは喜ぶし、親や教師は怒るんだけど、それを通じてたくましく生き抜くことを学べるんですよ。

清水 綺麗ごとばかり教わった子どもは、大人になって社会に出たときに「こんなはずはない」と思ってしまいますよね。大人の世界には、汚いことなんていくらでもあるんだから。

小林 「ゴー宣」は大人向けの漫画だけど、そういう意味では『おぼっちゃまくん』の延長線上にある作品なんですよ。**「学校の先生が教えるような綺麗ごとを信じるなよ」**と、悪いことを教えることによって、読者の心をタフにしてあげている。それが「怖くて読めませーん」なんていってるようじゃ、この社会を生き抜けるわけないよね。

清水 毒を食らわないまま社会に出るから、何かつらいことがあったときに、カルト宗教や自己啓発セミナーみたいなものに、簡単に飛びついてしまうんでしょう。

小林 そうそう。無菌状態で育っているから、綺麗ごとの裏に隠れている悪い顔が見えないんだよ。美しい言葉で誘惑して金もうけをたくらんでいる奴らにあっさりだまされてしまう。だからわしは「偽善的な奴らにだまされるな！」ということをガンガン描いちゃうんだけど、綺麗ごとだけ見ていたい人たちはそれを怖がるんだ。

『卑怯者の島』に描かれた人間の真実

清水　先生は、たとえば『卑怯者の島』という作品でも、まさに綺麗ごとだけではすまない人間の姿を描いてらっしゃいますよね。

小林　戦争経験者の証言は、それこそ綺麗ごとになりやすいんですよ。戦争に行って生き残った人は「私はこんなに立派に国のために戦った」と武勲を語り、自分が卑怯だったことを語らない。逆に、戦友たちから見放されるほど卑怯だった人間は「あの戦争は間違っていた。自分はその犠牲者だ」といい始める。

清水　両極端の綺麗ごとですね。

小林　で、本当に勇気を持って戦った人間はみんな死んでしまったから、戦後にその証言を聞くことはできないでしょ。**そこに戦争の真実があるはずなのに。**それを蘇らせるには、フィクションとして描くしかないんです。ノンフィクションは、運よく戦争で生き残った元兵士の証言しか書くことができない。それを読んでいると、「本当にこんな高い倫理観を持った兵隊ばかりだったのか？」と首をかしげてしまうんですよ。

清水　だからこそ、真実を描くには作家の想像力が必要になる。

小林　同じ人間なんだから、自分の心の動きをたどれば、無念にも戦場で死んでしまった人たちの気持ちもわかるはずなんですよ。「突撃しなきゃいけない」と頭ではわかっていても、いざとなったら足がすくむことだってあるはずでしょ？　そういう局面で自分がどうするかを掘り下げていくと、あの作品で描いた兵隊のような行動をとることも全然ありえると思えてくるわけ。

清水　突撃するときに転んで、そのまま塹壕《ざんごう》に隠れてしまうんですよね。

小林　それも、わざとコケたのかどうか自分の意図さえわからないような感覚。いずれにしても、いったんコケてしまったら突撃できなくなって、卑怯にも隠れたままその場をやり過ごそうとするわけですよ。綺麗ごとのノンフィクションでは、そんな行動は絶対に描かれない。でも人間の心理を考えたら、そういうことは必ずあったと思うんだよね。誰にだって、「逃げたい」「死にたくない」という気持ちはあるんだから。

清水 たしかに、あれを読んでいると「自分があの場面で突撃できるかどうかわからないよな」という気持ちになります。そうやって登場人物に感情移入して読み進めたので、ラストシーンは本当に衝撃的でした。これから読む人もいると思うので、ここであまりくわしくは話さないほうがいいとは思いますけど。

小林 あれも、**「戦後の日本は平和ですばらしい」という綺麗ごとにどっぷり浸かっている人には受け入れられない**んだよね。日本の戦後を否定するシーンだから。

清水 僕はすごく感動しましたけどね。

小林 いまの日本人は戦前・戦中を否定したいから、あの主人公が最後に「戦後の日本はよい世の中になった」といわなければ納得できないのよ。

清水 それこそ予定調和的で、面白くもなんともないですよね。

小林 それが戦後日本の「お約束」だからね。毎年、八月一五日が近くなると、新聞やテレビが元日本兵たちにインタビューするんだけど、みんな「戦争だけはダメだ」というでしょ。「いやー、あのころは楽しかったよ」なんていう人は絶対に出てこない。でも実際には、そういう人だっているのよ。『戦争論』でわしがインタビューした元日本兵なんて、**軍隊経験が「痛快で面白かった」「なんの後悔もないです」といい切ってたからね。**

清水　仮に新聞やテレビのインタビューでそういう話が出ても、カットされてしまって、記事や放送には使われないわけですよね。

小林　そういうこと。なかには、戦後の日本社会に疑問を抱いている人だっているかもしれないじゃない。「こんなふうに米国に従属する日本にするために戦ったわけじゃない」とか、「いまの日本人は命を粗末にしすぎる。人が死ぬのを見たいから殺した、なんてバカな若者もいる。戦後の教育はおかしいんじゃないですか?」などと思っている人は間違いなくいますよ。ところが、そんな話はマスコミで封じ込められてしまうんです。

保守思想は「態度」でしか伝えられない

清水　こうして小林先生のお話をうかがっていると、やはり戦後の日本人にいちばん足りないのは死生観のように思えてきます。いままでずいぶん若者の生き方に文句をつけてきましたけど、**そもそも彼らにものを教えるべき立場の大人たちに、深い死生観がない。**歳をとってもエゴむき出しの姿を見せられたら、若い人は何も学べませんよね。僕が若かったころには、まだ「ならぬものはならぬ」といってくれる年輩者がいましたが。

本も、自己啓発的な「生き方」を教えるものばかりで、死生観を深く考えさせるようなものが少ない。最近はお客さんに薦めたくなる本があまりないので、小林秀雄[*57]や福田恆存などの古いものを薦めることも多いんです。そういう中で、日本人の死生観をいまの時代の言葉で問いかけてくれる小林先生の本は、きわめて貴重な存在なんですよ。

小林　たぶん、わしの本の内容はまだ社会科学的だと思うんですよ。しかし漫画で社会科学的なことを描いていくと、どんどんネームが複雑になってしまって、限界がある。だから、もうちょっと歳をとったら、箴言集《しんげんしゅう》みたいな感覚の描き方に転換しなければならないと思ってるんです。

清水　それはそれで楽しみですね。

小林　たとえば福田恆存は、**「保守の考え方は態度でしか伝わらない」**といってますよね。たしかに、いくら言葉を連ねても「保守とは何か」は伝わらないんですよ。わしもよくそれを聞かれるんだけど、なかなか難しい。憲法のような明文化されたルールではなく、日本社会に伝わってきた不文《ふぶん》のルールがあるということをどんなに理屈で説明しても、最後はやっぱり態度しか残らないの。実際、昔の大人たちは、発言の内容よりもその態度に説得力があった。

たとえば、わしが若いころに『週刊プレイボーイ』で今東光《こんとうこう》*58が人生相談をやっていたんだけど、これが抜群に面白くてね。「そんなくだらねぇことで悩んでんじゃねぇ！」

とかムチャクチャな答えを出して、若者をガンガン叱るんですよ。具体的にはどんな話をしてたのか覚えてないんだけど（笑）、その態度を見てるだけで圧倒されるのね。世の中をすべて見通して、まったく迷いがない感じなの。「はー、世の中にはすごい大人がいるもんだ」と恐れ入るしかないよね。じつに頼もしい存在感があったな。

清水　いまだったら、ネットで炎上しちゃいそうですね。

小林　あと、あれは『週刊文春』だったと思うけど、[*59]野坂昭如《のさかあきゆき》の連載も強烈だった。毎週、エッセイの中で女と寝てるのよ（笑）。「小説家って、どんだけモテるんだ？」「こんなこと書いちゃっていいのか？」と驚きの連続。だから、わしも一度ああいうのをやってみたくて、[*60]『わしズム』でちょっと描いたことがあるんだよ。

清水　ああ、ありましたありました。『女について』ですよね。

小林　だけど、読者がついてこなかった。若い女とつき合い始めたんだけど、部屋に上がり込んだらテーブルの上に駄菓子が山のようにあるのを見て、一気に気持ちが萎《な》えて別れてしまったとか、そんな話。まあ、ひどい内容なんだけどさ（笑）。そういうデタラメさを、いまの草食系の男たちは受けつけないみたいね。

清水　やはり不良性が欠如しているのかもしれません。

小林　そうだね。漫画だけではなく、**昔は文化人からも不良性を学んでいた。**『朝まで生テレビ！』なんかでも、[*61]大島渚《おおしまなぎさ》とか面白かったじゃない。

清水　そうでしたそうでした。映画監督としても、『[*62]愛のコリーダ』みたいな危ない作品を撮って、国とケンカするような雰囲気がありましたよね。

小林　いちばん最初にわしが『朝まで生テレビ！』に出たときは、まだ大島渚や西部邁がいたのよ。いちばん理屈っぽいのが西部邁なんだけど、彼も昔は学生運動やって逮捕歴もあるから不良だよね。そういう不良がいたから面白かったんだ。いまの『朝まで生テレビ！』なんか、みんなまじめすぎる。

　不良性のある大人って、緊張感を持って生きているわけじゃないですか。小説家にしろ映画監督にしろ、ある意味でヤクザ者ですよ。わしも漫画家になったとき、「これで自分もヤクザ者になった」という自覚があったよ。だって、いつ潰れるかわからないんだもん。事実、一世を風靡《ふうび》するヒット作を出した漫画家でも、その後はボロボロになった人はいくらでもいる。その緊張感が、人間としての迫力を生むようなところがあるよね。

清水　うちも商売をしていますから、いつ何が起きるかわかりません。雑誌が売れていた時期はそこそこ売上が安定していましたが、その雑誌がいまはまるで売れませんからね。

小林　永遠に安泰なものはないんですよ。わしも心のどこかで、「どうせヤクザ稼業だから、博打に負けたらおしまいだ」と思ってるよね。そうなるまでは、必死で生き抜く努力をする。**結局、自分の生命を何に使うのかということなんだよ。**戦後の日本人は生命至上主義になってしまって、「命より大事なものはない」と思い込んでるけど、生命は道具にすぎない。それを使って何をするかがいちばん大事なんだよね。

＊57　小林秀雄（一九〇二 - 一九八三）　文芸評論家、作家。近代日本の文芸評論を確立した人物であり、保守文化人の代表としても知られた。著書に『考えるヒント』（文春文庫）、『モオツァルト・無常という事』（新潮文庫）などがある。

＊58　今東光（一八九八 - 一九七七）　小説家。天台宗の僧侶であり、「毒舌説法」で、テレビや週刊誌のコメンテーターとしても人気を博した。一九六八年からは参議院議員も務めた。

＊59　野坂昭如（一九三〇 - 二〇一五）　作家。歌手、作詞家、政治家としても活躍。終戦前後の体験を題材にし

た『アメリカひじき・火垂るの墓』（新潮文庫）で、第五八回直木賞受賞。

＊60 『わしズム』 小林よしのりが責任編集長を務めた季刊誌。二〇〇二年から二〇一二年まで、幻冬舎、小学館から発行された。

＊61 大島渚（一九三二・二〇一三） 映画監督。代表作に『青春残酷物語』『戦場のメリークリスマス』など。『朝まで生テレビ！』のレギュラー出演者としても知られた。

＊62 『愛のコリーダ』 一九七六年に公開された大島渚監督作品。主演は藤竜也、松田英子。「阿部定事件」を題材にし、日本初のハードコア・ポルノとして物議を醸した。本作の脚本とスチル写真を掲載した書籍により、大島監督はわいせつ物頒布罪で起訴されたが、判決は無罪。

「時代の回転椅子」から降りる勇気を持て

清水 そういう死生観がないと、ただ流されてなんとなく生きていくことになると思います。昔、＊63松《まつ》居《い》桃《とう》楼《る》という人が、「時代の回転椅子」という話をしていました。回転椅子に座って、一定の速度で誰かがそれを回し続けると、やがて回転していることじたいに気づかなくなる。地球もずっと自転しているのに、回っているとは気づかないじゃないですか。それと同じように、僕たちが生きているこの時代も誰かがなんらかの意図で回し続けているんだけど、みんな回っていることに気づかない。

その椅子がピタッと止まった瞬間、目が回ってクラクラしますよね。そんな状態になるのが怖いから、みんな「時代の回転椅子」から降りようとしないんです。ただひたすら、回転に身を任せている。僕はよく若い子にこの話をして、**「そこから降りる勇気を持たないと、ただ回されているだけになるぞ」**といいます。ただし回転椅子から降りるためには、ある程度の反抗心がないといけない。

小林　自分の生命をただ永らえることだけ考えていたら、そこから降りることはできないだろうね。いかに死ぬかを考えている人間が、降りるべきタイミングを見極めることができるんだと思う。そういう死生観を持って日々を送らないと、「いまは何が売れるのか」ということばかり追いかけて、時代に流されるよね。それで、たとえばわしがグルメ漫画なんか描いても、なんのために生きてるのかわからないでしょ。そんなことになるぐらいなら、時代の流れから降りて、「売れようが売れまいが、描きたいものしか描かない」と居直ってしまったほうがいい。そうじゃないと本当によい作品は書けないわけで。

清水　僕は数年前に『5％の人――時代を変えていく、とっておきの人間力』（サンマーク出版）という本を出しました。世の中の九五％はいわゆる大衆で、彼らは時代の回転椅子に座りっぱなしなんですね。たとえば明治維新のような大きな変革を起こすのは、「5％の人」たちだと思います。その「5％」に入るためには、黙って時代の動きを受け入れているだけではダメ。みずから能動的に行動しないといけません。

小林　それに加えて、ある種の覚悟が必要ですよね。わしらの祖父の世代までは、責任をとるときに腹を切って自決する人間がたくさんいたでしょ。ほんの七〇年前までは、切腹の文化が続いていたんですよ。現代人はそんなことしないけど、**「いざとなったら腹を切ることができるか？」というシミュレーションぐらいはしてみたほうがいい**。腹に刃を突き刺して、反対側まで引っ張れるかどうか。刺した瞬間の痛みで気絶してしまうかもしれないじゃない？　でも、その覚悟を持つことが責任ある行動につながるわけ。

清水　うちで薦めている『侘《わ》び然《さ》び幽玄《ゆうげん》のこころ――西洋哲学を超える上位意識』の著者、森神逍遥《もりがみしょうよう》さんは、「わびさび」を調べるためにさまざまな文献を読み込むうちに、最後は武士道にたどり着くことがわかったそうです。そこで森神さんは、三か月間、腹を切るイメージトレーニングをしたんです。「よし、これで切れる」という確信を得たら、次はナイフを目に刺すイメージトレーニングをまた三か月くらいやった。それからようやく、原稿を書き始めたというんです。「わびさび」って、日本人ならなんとなくわかった気になっているけど、じつはうまく説明できない感覚ですよね。それについて責任の持てるものを描くためには、それぐらいの準備が必要だということでしょう。

＊63　松居桃楼（一九一〇 - 一九九四）　随筆家。劇作家、松居松翁の三男として、東京に生まれる。戦後、隅田川言問橋付近に存在した「蟻の街」の一員として、互助更生組織を支援。著書に『蟻の街のマリア』などがある。

自分の生命をいかに使いきるかが勝負だ

小林 ただ、いまの日本でそういう話をすると、たちまち「こいつは復古主義の危険人物だ」というレッテルを貼られてしまうんだよ。

清水 そういう安直な見方は本当になんとかしたいですよね。善悪を別にしても、昔の日本人には、ロシアや米国を相手に戦争を始めるような力強さや気概がありました。**ケンカを売られたら「よし、やってやろうじゃないか！」と応じるような気迫があっ**たと思うんです。ところが現在の日本人には、なんの気概も感じられない。

小林 何をなすつもりなのかわからないところはありますね。

清水 誰かが「北朝鮮にお金を渡して、鳥取砂丘あたりにロケットを撃ち込んでもらえば、日本人にも火がつくかもしれない」といってましたけどね(笑)。

小林 鳥取砂丘じゃ、砂が巻き上がるだけだからなぁ(笑)。どうせやるなら東京のど真ん中がいいよ。皇居以外のところでね。でも、そんなことで覚醒するかどうかも疑問ですよ。結局、そういう危機感が高まれば高まるほど「やはり日米同盟が大切だ」という話にしかならないんじゃない？　みずから国を守ることの重要性に目覚めずに、もっと力いっぱい米国に抱きつこうという方向になってしまう。

清水　日本の歴史の中では、自然災害と革命が結びついてきたといわれますよね。危機意識が、この国をよくしてきた面はたしかにあると思うのですが。

小林　過去の日本にはそういうところがあったんですよ。ところが戦後は、**危機を自力で克服しようとせず、他人任せになってしまった**。ただ、少なくとも個人の生活に関しては、もうそんなことといってられないよね。企業が終身雇用で最後まで守ってくれるような世の中ではなくなってしまったわけだから。ある意味、みんなわしと同じヤクザ者の身分になるんですよ。

清水　なるほど、もう「カタギ」の生き方が成立しない。

小林　以前は中産階級の大半が会社という共同体に属していたから、わしみたいな漫画家や文化人はそこからはみ出てるヤクザ者だった。でも、いまは非正規雇用が四〇%も占めていて、みんないつクビを切られるかわからない。安定した職につける保証がまったくない社会なんだよね。今後はもっと非正規雇用が増えるかもしれないでしょ。みんなヤクザ者の時代になったら、もう安定なんか求めてもしかたがない。一流企業や官庁に入れるエリート以外の人間は、いわば幕末の薩摩や長州の下級武士みたいなもの。そういう層から、時代を動かす奴らが出現しなきゃいけないんだと思うよ。だとしたら、いっそのこと、もっと経済格差が開いてしまったほうがいいのかもしれない。

清水　危機感を極限まで高めたときに、何かが起こるわけですね。

小林　わしはいると思うんですよね。**そういうところから現れる「異形の者」が**。いまの世の中に強い違和感を抱いて、「いつかどこかで一発やってやる」とチャンスを待っている人間は必ずいる。そして、そういう人間を育てる責任が、わし自身にもあると思うんですよ。戦後の社会を覆う同調圧力に負けない人間をつくるためには、もっと激しく挑発して、本物の反抗心を抱かせないとならん。もちろん、描く作品だけでなく、態度でも示す必要があるよね。いまは大人がみんなおとなしいから、子どもも優等生ばかりになってしまうんだよ。

清水　デモで「選挙に行こうぜ」と叫ぶ学生がその典型ですね。

小林　大人に不良がいないから、そうなってしまうんですよ。だからわしは、自分がパワーを発揮できるうちに、できるかぎり暴れておかないといけない。そういう活力のある大人もいることを、下の世代に見せておく必要があるんです。その活力の源泉になるのが、死生観にほかならない。**自分の生命を道具とし、いかに使いきるかが勝負ですよ。**ベッドにくくりつけられて、介護されながら死んでいくのはイヤだからね。なんとかして自分の死に方を見つけなければいけない。

顔の見える「共同体」を再生せよ

清水　たしかに、非正規雇用がもっと増えて、頼るのは自分だけという世界になったら、いい意味での狂気性を持った若者が出てくるような気はします。

小林　そうそう、「いい意味での狂気」じゃないとダメなのよ。悪い意味の狂気はまずい。すでに、ヤケクソになって無差別殺人に走る「無敵の人」みたいなのは出てきてるからね。いまは、そこが難しいんですよ。

清水　フラストレーションを発散させる方向が間違っていますよね。

小林　それも結局、反抗する大人の姿を見て育っていないからだと思いますよ。資本主義によって共同体が崩壊してしまったから、地域や家族のつながりも失われて、砂粒のような個人がバラバラに生きている。それがかろうじてＳＮＳでつながって、疑似共同体をつくり上げているわけだよね。人間どうしのつながりがネット上にしかないのでは、大人が何かを態度で伝えることも難しい。

清水　自分の親の立ち居振る舞いにさえ、昔と比べると接する機会が少ないかもしれません。

小林　だからこそ、**文化人や表現者たちが、自分のファンや読者にどんな態度を示すかが大事になる**んです。わしが「ゴー宣道場」でやっているような議論の場が、もっとあちこちにできるのが望ましい。そういう場では、描いた作品と違って、リアルな態度を見せることができますからね。それが求められているという点で、いまの社会は浄土真宗が登場した鎌倉時代あたりに戻っているのかもしれないよね。親鸞[*64]は、庶民の中に入り込んで、辻説法をしたでしょ。被差別民の集落にも身ひとつで平然と入っていった。

清水　だから強い説得力があったのでしょうね。

小林　そう思うんですよ。SNSでどんなに情報発信してもそれにはかなわないし、極端な話、本でも限界があると思う。もちろん、行間まできちんと読み取って、本だけですべてを理解する人もいますよ。でも、それはもともと同じ波長の持ち主なんだよね。そういう人は大丈夫なんだけど、そうじゃない人間のほうが圧倒的に多いわけだから。もっと発信力を広げるには、辻説法的なやり方しかないんじゃないだろうかと思っている。

清水　うちも「逆のものさし塾」という場をつくって各地でやっています。「つねに逆から見る視点を持つ」ことをテーマにしたイベント。

小林　それはいいことだと思いますよ。

清水　たとえば、コップを真横から見たときと、真上から見たときでは、同じ物でも形が違いますよね。横から見ると四角いけど、上から見ると丸い。これは矛盾ではなくて、どちらもそのコップの性質なんですよ。だから、**ものごとの本質を知るためにはいろんな角度から見なければいけない**んですね。そういう見方を身につけるために、いろいろな本を読みながら参加者と語り合っています。

小林　そういう場を続けていると、そこがSNSとは違う意味で疑似共同体になっていくんですよ。「ゴー宣道場」でも、いつも設営隊として集まってくれる人たちは、みんなわしの本を読み込んでいるから、話がすぐに通じて友だちになれる。すると、男女の恋愛に発展して結婚する人も出てくるし、生まれた子どもを道場に連れてくる人も出てくるわけ。わし、ほとんど村長さんみたいな気分になるよね(笑)。そうやって、そこが新たな村になるんです。入ってきたころは学生で、ちょっと不安定な面もあった人間が、社会人になって立派なところを見せるようになったりね。そういう人間的な成長まで見ることができるの。

ただし、これはあくまでも疑似共同体。本物の共同体とは違うよね。たとえば家族という共同体は、親が年老いて認知症やら寝たきりやらになっても最後まで面倒をみるわけですよ。でも道場の疑似共同体が年寄りの介護までするかといったら、そこまではやらないでしょう。まあ、いまはその家族の共同体も崩壊してるんだけどね。子は親の面倒をみないし、親もわが子に迷惑をかけたくないからひとり暮らしを続けて、孤独死していく。そう考えると、疑似共同体のほうが役に立つ可能性もあるかもしれない。しかしいずれにしろ、**お互いの顔をつき合わせる生身の関係性がなければダメ**でしょう。ＳＮＳの疑似共同体では、相手が男か女かもわからないんだから話にならないよ。

清水　やはり、共同体の再生は大きなテーマになりますね。

小林　たとえば昔、「イエスの方舟」[*65]というのがあったでしょ。千石《せんごく》イエスというおっさんのところに若い女の子たちが集まって生活して、家族が「娘を取り返したい」と騒いだやつ。当時は週刊誌もみんな叩いたんだけど、あれは決して怪しげなものじゃないんですよ。自分の家族とは価値観や生き方が合わなくなった女性たちが、あそこで疑似共同体をつくったんだよね。

わし、千石イエスに会ったことがあるし、彼らが生活のためにやっていた中洲のバーにも行ったことがあるけど、オウム真理教みたいな宗教団体とは全然違う。オウムは、疑似共同体になっていないのよ。家族的な横のつながりはなくて、教祖の麻原彰晃をトップに置くピラミッド型の組織になっていた。

清水　上《じょう》意《い》下《か》達《たつ》の会社みたいな組織だったんですね。

小林　そうそう。それでは共同体としての機能は果たせない。**日本企業が以前は家族的な疑似共同体の役割を持てたのも、トップダウンの欧米的な組織ではなかったから**じゃないかな。経営者には「会社は社員とその家族のもの」という意識があった。でも、それもいまは「株主のもの」になってしまったから、冷酷なリストラも厭《いと》わないでしょ。

清水　そうやって、日本のあらゆる共同体が崩壊してしまったことは、本当に深刻な問題だと思います。

＊64　親鸞（一一七三‐一二六二）　鎌倉時代前半から中期にかけて活躍した僧。「悪人正機説」を唱えた。浄土

真宗の開祖とされる。

＊65 イエスの方舟　千石イエスこと、千石剛賢（一九二三 - 二〇〇一）が主宰していた、聖書勉強会を母体とする集団。一九七八年から二六人の信者とともに全国を転々とし、信者の家族が捜索願を出すなどの騒動になった。

5章

いかに「独立心」を育てるか

この世は「リスク」に満ちている

清水 いまの日本には、武士道のような精神も必要ではないかと思っています。僕自身は戦後教育にどっぷり浸かってきたので、以前は武士道に「危険な思想」というイメージしか持っていなかったんですけどね。

小林 ほとんどの日本人はそうでしょ。

清水 でも、小林先生の作品をはじめとして、いろいろな本を読むうちに、そんなイメージは消えました。たとえば日露戦争では、資源もない小さな国である日本が黄色人種として史上初めて白人の国に勝ったわけですよね。それができたのは、やはり武士道があったからこそだと思うんです。**ほかのアジア諸国とは違い、日本には武士道があったから独立心を持つことができた**のではないかと。

小林 ただ、武士道というのは指導的な立場の人間にだけあればよかったんだと思うんですよ。というのも、明治時代のいわゆる「不平士族の反乱」では、武士道を持つ人々がみんな近代的な政府軍にやられちゃったでしょ。たとえば熊本の神風連《じんぷうれん》*66なんか、ほとんど宗教的な感覚で武士道を貫いていた。神のお告げにしたがって蜂起したぐらいだからね。でも、政府軍の近代兵器の前にはまったく歯が立たなかった。萩の乱も、秋月《あきづき》の乱も同じですよ。最後の西南戦争にいたるまで、武士道を持っていた連中が百姓を集めた国民軍にやられてしまったわけ。

　そもそも幕末に高杉晋作《たかすぎしんさく》が奇兵隊をつくるときから、そういうことが始まっていたんだよね。幕府軍と戦うために、まず銃器を仕入れて、百姓たちに戦い方を教えた。武士がどんなに勇ましくても、鉄砲でババババッと撃たれたらおしまいですよ。死ぬことを恐れない武士たちは、その中でひたすら命を落とし続ける。これは大東亜戦争の終盤と同じなんだよね。あのころもまだ武士道精神が続いていたから、どんどん死んで、どんどん負けていく。ヨーロッパでも、騎士道みたいなものは国民軍にやられちゃったでしょ。前にナポレオンの直観の話をしたけど、それ以前に国民軍をつくったことが彼の強さだった。

清水　義務教育というのは、ナポレオンが兵隊をつくるために考えついたらしいですね。それをイギリスが真似して、明治政府がイギリスの真似をして導入したそうです。

小林　だから、国民軍をつくるためには義務教育は必要なんですよ。ただし日本の場合、いまの義務教育で間違ったことを教えているのが問題だよね。いちばん大事なことを教えていない。それは、**個々の人生にも、世界の中で生きる国家にも、そのまわりには「リスクしかない」**ということですよ。この世はリスクに満ちあふれているのに、その現実に目を向けさせず、あたかもリスクなんか存在しない人生が待ち受けているかのように教えてるじゃないですか。「話し合えばなんとかなる」とかさ。本当は、その逆を教えないといけないわけ。

清水　話し合いだけではどうにもならない現実がある、と。

小林　たとえばチベットは、大した軍事力を持っていなかったから中国の人民解放軍に侵略されてしまった。自分たちの宗教であるチベット仏教も厳しく管理された状態になって、指導者のダライ・ラマは亡命しているし、僧侶たちが焼身自殺をはかっている。そういうことは、小学校の社会科で教えたほうがいいんだよ。世界には侵略者が存在していて、国は必ずしも永久に続くものではないことを知ったら、「わあ、怖ろしい」とリスクに気づくでしょ。

個人の人生にだってリスクは山ほどあるんだから、早い段階で怖がらせたほうがいいの。「おまえら、わかってんのか？　社会に出たら、一〇人のうち四人は非正規雇用なんだぞ？」とプレッシャーを与えないとダメ。

清水　先生がよくお描きになる「純粋まっすぐ君」も、そういう現実から目をそむけた教育から生まれるのかもしれませんね。

小林　そうそう。**現実的なリスクをまったく教わらず、理想ばかり見せる無菌状態の培養器で育てられたのが、「純粋まっすぐ君」**なんですよ。

清水　たまにスピリチュアル系の人が集まるところに本の販売に行くと、「純粋まっすぐ君」しかいないですよ。「みんな、そのまま自分らしく生きればいいんですよ〜」「そうだよね、そうだよね」みたいな話ばかりで、気持ちが悪い（笑）。

小林　素朴な善意だけで生きていけると信じ込んでるんだよね。そういう人間をつくってしまったら、教育としては敗北なんだよ。生きていくのがいかに大変かを教えなきゃ。

清水　仏教に「一切皆苦《いっさいかいく》」という言葉がありますけど、本当にそうだと思いますよ。お釈迦《しゃか》さんにいわせれば、息をするのも飯を食うのもみんな「苦」なんですから。

＊66　神風連　鎖国攘夷を主張した、太田黒伴雄（おおたぐろともお）を首領とする熊本の武装集団。敬神党ともいう。一八七六年、廃刀令の発布をきっかけに「神風連の乱」を起こした。

独立できない日本は「ニート国家」

小林　わしなんか、**幸運にも不幸に恵まれた幼少期を過ごした**からね（笑）。喘息がとにかく苦しくて、「息さえできればありがたい」という状態。みんな、息なんてできるのが当たり前だと思ってるだろうけど、こっちはそれができなくて夜も眠れない。「息をさせてくれれば、なんでもします」と神様に祈ってましたよ。

清水　生きることの大変さを学校で教わるまでもない。

小林　こんなに苦しいのは自分の精神が腐っているからではないかと思って、座禅を組んで瞑想もしてみましたよ。「宇宙と人間は交信できる」とか書いてあるジョージ・アダムスキー[*67]の怪しげな本を読んで、「そうか。わしも宇宙と一体となればいいのかもしれん」と思ったりね。

清水　あの「アダムスキー型UFO」の人ですか？

小林　うん。空飛ぶ円盤に乗って金星人に会いに行った人（笑）。本の口絵にアダムスキーの家の玄関の写真が載っていて、金星人の肖像画が飾ってあるんだよね。わし、漫画家になってからその家を訪ねて行ったんだけど、いまだにその肖像画があったから驚いた。「本で見たのと一緒だ！」と感激しましたよ。

清水　意外な過去ですね（笑）。

小林　その一方でジョージ・ガモフ[*68]の全集なんかも読んでいて、ビッグバンで始まった宇宙に原子が生まれるしくみも頭に入ってたのよ。原子核のまわりを電子が回っていて、そのあいだは隙間だらけの小宇宙みたいなものだから、原子からできてる自分の体は大宇宙と相似形のはずだ。でも、わしの体はちゃんと宇宙と相似形になっていないから喘息になるに違いない……真剣にそんなこと考えたよね。

清水 だから宇宙と一体化すれば治る、というわけですか。すごい結論ですね(笑)。

小林 で、そのために瞑想に励んだの。

清水 そんなふうに追い込まれるほど苦しかったんですねぇ。でも、僕も小学生のころからアトピー性皮膚炎がひどかったので、気持ちはわかります。お袋が漢方薬なんかをいろいろ買ってきてくれたけど、全然よくならなくて。それなのに柔道を始めたから、もう血だらけですよ。でも、あるとき意識をこんなふうに変えてみたんです。**「おれはアトピーのおかげで、ほかの人よりも繊細な感覚を持てるんだ」**と。そう考えるようになったら、不思議なことにやがてスーッと治ったんですよね。

小林 なるほど。そういうときにカルト宗教みたいなものが近づいてくると、ヤバいことになるんだよね。喘息もいまはいい薬があるから発作は抑えられるんだけど、昔は精神力で乗り越えるしかなかったんだよね。だから、カルトみたいなものにつけ込まれる隙もあった。わしの場合は、自分の頭の中でカルト宗教を発生させたから、他人に頼らずにすんだけど。

清水　ひとりカルト宗教(笑)。

小林　ともかく、わしの子ども時代はストレスだらけだったな。喘息のほかにも、父親がバイオレンスな男だったから体罰を受けたし、学校の先生方も戦中の徴兵経験者だったりするから、平気で生徒を殴りつける。どこにいてもストレスだらけだよ。

清水　しかもプレハブ小屋に隔離されていたんですもんね。

小林　どこにも安楽の地がなかったね。『巨人の星』[*69]の星飛雄馬《ほしひゅうま》を見て、「これ、わしと同じだ!」と共感してましたよ。わしも、大リーグボール養成ギブスはめて生活してたようなもの。だから、「幸福だった子どものころに帰りたい」とかほざいている奴を見ると、ぶん殴りたくなる(笑)。でも結果的には、それが幸運だったと思うよね。**そういう幼少時代だったから、自然と独立心を持つことができた。**いまの親は子どもを甘やかしすぎでしょ。独立心が育たないから、ニートが軽く一〇〇万人を超えるような社会になってしまった。

清水　本当に子どものことを思えば、厳しく接したほうがいいんでしょうけど、いまの親はそれと正反対のことをやってますね。

小林　**独立心のない人間ばかりになったら、国としての独立心を持てなくなるのも当然でしょう。**実際、わしが「自主防衛して、米国から主権を取り戻して独立すればいい」と主張すると、「いまの日本人は虚弱体質になっているから、いきなりは無理ですよ」という奴が多いんだよ。もはや日本は「ニート国家」ということだよね。引きこもりのニートを独り立ちさせるのと同じように、段階を踏まなきゃ独立できないと思ってるんでしょ。いきなり社会に出るのは無理だから、まずはお駄賃を渡して「コンビニまで行って買い物をしてこい」という。それができたら、次は「公園に行って子どもと遊んでみろ」と少しずつステップアップするわけ(笑)。

清水　「はじめてのおつかい」というテレビ番組を思い出しました。

小林　でも、そんなことやったって、ニートは独立できないだろ。本気で独立させようと思ったら、「ふざけるな、もうおまえの面倒はみないから、そこらでアパートでも借りて暮らせ」と家から放っぽり出せばいいだけの話なんですよ。そうなったら、どうやって生活するか自分で考えるしかないんだから。

国だって、それと同じですよ。保守派の中には「自分も自主独立派だけど、いまは日米同盟しかない」という奴もおるけど、じゃあ、いつ独立するんだという話。独立して自主防衛すべきだと思っているのに、「いまは米国に反抗すべきじゃない」なんて、あまりに発想が卑屈すぎて若い世代に聞かせられないよ。**あちこちに石を投げていじめをしている番長に、「いまは逆らってはいけない」といって石ころを後方支援でせっせと渡しているようなもの**だからね。わしが「いじめをやめさせろよ」といっても、「いまはそれをいうべきじゃない。石ころを渡すときだ」といい続けてるの（笑）。そんなことといいながら死んでしまったら、「あの人は日本が米国の属国でいいと主張していた」と歴史に名を残すことになるんだよ？　わしはそんなのイヤだね。

＊67　ジョージ・アダムスキー（一八九一 - 一九六五）　いわゆる「コンタクティー」（異星人との遭遇者）の元祖。彼が撮影した空飛ぶ円盤は、UFOの典型的なイメージとなり、宇宙人との遭遇体験を書いた著書はベストセラーとなった。

＊68　ジョージ・ガモフ（一九〇四 - 一九六八）　米国の理論物理学者。かつて宇宙が超高温・高密度の「火の

玉」だったことを理論的に予言し、いわゆる「ビッグバン理論」の提唱者として知られている。

＊69 『巨人の星』原作・梶原一騎、作画・川崎のぼるによる野球漫画。一九六六年から一九七一年まで『週刊少年マガジン』に連載され、日本テレビ系列でアニメ化もされた。

個人に独立心がなければ、国も独立できない

清水　前にもおっしゃっていたとおり、自分で国防ができなければ独立した国民国家とは呼べないし、本当の意味の民主主義も成り立たないですからね。

小林　民主主義は、国民国家の成立と同時にできるんですよ。フランス革命がそうでしょ。革命によって主権を国王から国民に取り戻して、それまでは王様の傭兵《ようへい》だった軍隊が国民軍になった。**民主主義は国民軍と一体のもの**なんです。主権を握る米国に防衛してもらっている日本は、国家として未完成。前にもいったとおり、砂川判決の

「統治行為論」で最高裁判所が違憲立法審査権を放棄してしまったのが、日本に主権がない何よりの証拠ですよ。

だから戦後の日本は、いまだに国民国家になってないの。原発の問題も、基地の問題も、国民が国を訴えてもみんな裁判で負けるのは当然でしょう。主権がないから、何ごとも米国の都合で決まるんだよね。だからイラク戦争も、「これは間違った戦争だ」といえずに、それを後ろから加勢することしかできない。

清水 石ころを渡して、いじめを手伝っている。

小林 だから、主権国家として「民主主義を貫徹させろ」というなら、「じゃあ、国防軍を持てや」という話なんだよ。ところが「国防軍は持ちたくない。でも民主主義がいい」とかぬかす連中がいるから、どうにもならんのよね。

清水 外には軍隊、内には警察を持つことが国家の条件。

小林 そうそう。それがマックス・ウェーバー[*70]の指摘した国家の本質ですよ。**軍隊と警察という暴力装置を一手に握らないと、国家は完成しない**の。いまの日本は、警察だけはあるから暴力団を取り締まることはできるけど、楯と矛を備えた軍隊がないから外国からの侵略は抑えられない。そこを米国に頼らないといけないのでは国家ではないから、民主主義もできるわけないんだよ。

清水　多くの日本人が、日本が独立国であることを疑っていないでしょうけど、じつはそんなことはないんですよね。社会人になっても実家に住み続けて、いつまでも親のすねをかじっているようなもの。

小林　福澤諭吉[*71]の「一身独立して、一国独立す」という言葉のとおりだよね。個人に独立心がなければ、国も独立できない。**「軍隊は嫌いだけど、民主主義は好き〜！」なんて、赤ん坊が駄々をこねているのと同じこと**だよ。赤ん坊は親がすべて守ってくれるからリスク意識なしにわがままをいえるけど、自立した大人はそうはいかない。まずは世界は危険だらけだということを理解しないとダメです。

清水　そこが変わらないと、戦後の日本は根本的には変わらないですね。

小林　まったくそうですよ。親米保守の連中は憲法改正さえすれば戦後体制を崩せると思ってるだろうけど、米国についていくための憲法改正ではこれまでと何も変わらない。日本の戦後社会を根本的に変えるなら、自主防衛のための憲法改正をしなければいけないんだ。そうなったら、国民の意識も変わりますよ。「もう米国には守ってもらえない、自分で守らなければいけない」と思えば、教育の中身から何からすべて変えないとならないでしょ。**精神論だけ唱えていてもしょうがないから、システムから変えてしまえばいいんです。**

明治維新もそうだったんですよ。それぞれの藩を「おらが国」だと思っていた人々を、まずは日本という国の「国民」にすることが先決だった。そのために階級制度をなくして四民《しみん》平等にしちゃったんだから。そこには、まともな国民国家を樹立しようという強い独立心があったんだよね。

清水　それが敗戦後は米国の州みたいになってしまったんですね。

小林　州なら選挙権があるけど、それもない。ただの属国ですよ。米国の政治を変えるための手立てをわれわれは何も持っていないんだから。

＊70　マックス・ウェーバー（一八六四－一九二〇）　ドイツの社会学者、経済学者。著書に『プロテスタンティズムの倫理と資本主義の精神』（岩波文庫）などがある。

＊71　福澤諭吉（一八三四－一九〇一）　幕末から明治時代にかけて、蘭学者、啓蒙思想家、教育者などとして活

躍。著書『学問のすすめ』（岩波文庫）は、当時にして三〇〇万部以上のベストセラーとなった。慶應義塾大学の創始者としても知られる。

孤独な読書を通じて「賢い人間」と対話せよ

清水　日本人が独立心を持つには、どうすればいいんでしょう。たとえば小林先生は依頼心を断つために親御さんがプレハブ小屋に放り込んだおかげで、喘息はともかくとして自立心が身についたわけですよね。やはり「孤独」に耐える力が必要なのかもしれません。

小林　独立心を持つのは、ある意味で孤独なことですからね。「誰かがきっと助けてくれる」という依頼心は捨てないといけない。それと、人間は孤独になると他人からの承認欲求が強くなるんだよね。そうなるとＳＮＳとかで「つながり」を求めたくなったりするから気をつけないといけない。

清水　**孤独になるとは、自分で考えて思想を持つこと**ではないかと自分は思うんです。そういう時間を持たないと、人の意見に流されるだけになってしまうのではないでしょうか。

小林　そう思いますね。孤独になれないから、ネットで誰かとつながりっぱなしになるわけでしょ。そうじゃなくて、本を読めばいいのよ。読書は著者との対話だから、ひとりでも他者とコミュニケーションができる。小説のようなエンターテインメント作品であっても、そこには人間の心理や感情が書き込まれているからね。本の著者はそのへんにいる人よりも饒舌で、いろんなことを考えて書いているんだから、その対話にはなんらかの価値がありますよ。

ネットでのつながりなんて、ほとんどは社会のクズと対話してるようなもんでしょ(笑)。クズに「いいね！」って承認されても、少しもありがたくない。そんなことで孤独感を癒やすより、**孤独な読書を通じて賢い人間と対話する時間を持ったほうがい**

いに決まってるよね。

清水　ここでいう「孤独」は、他者と関わらないわけではないということですね。くだらない人間関係を捨てて、価値のあるコミュニケーションをはかる。

小林　うん。「孤独になる」は「孤立する」とは違うからね。べつに、他者との関係性をすべて断ち切って、即身仏みたいになれという話ではないのよ。本を読む以外にも、自分の表現欲求に没頭してもいいよね。これは自分自身との対話。音楽が好きなら、ピアノやバイオリンを弾きまくればいいし、絵や文章にひたすら取り組むのもいい。孤独になれない人間には、そういうこともできないんですよ。

清水　学生時代の先生は、本を読んで他者と対話し、漫画を描くことで自分と対話していたことになりますね。

小林　だから、ずっと孤独でしたよ。プレハブ小屋にいたときから。宇宙とも結局は一体になれず、拒絶されたからね(笑)。でも、孤立無援だったわけではない。**漫画を描くのは、登場人物との対話でもある**んですよ。そういう人間との対話を通じて、思想を深めることもできるし、自分を成長させることもできるんだと思う。

清水　たまにお客さんに「思想や哲学を持つことが、仕事に役立つんですか？」と聞かれるんですよ。「役に立つよ」と答えるんですけど。

小林　そりゃあ、役に立ちますよ。だって、そういう人間はバカに見えないもん（笑）。どんな仕事であれ、バカに見えないことは大事でしょう。それに、思想や哲学を持っている人間は、自分なりの判断基準が明確だから、**突発的なことが起こったときにも、その状況に応じて的確な判断を下せる**んだよね。哲学的な人間は自分で判断するけど、ネットのクズどもは何かあるとウィキペディアに頼るしかないの（笑）。でも、そこで仕入れられるのは蘊蓄《うんちく》だけ。受け売りの知識はペラペラとよくしゃべるけど、そんなものはなんの役にも立たない。

つねに「これでいいのか?」と問い続ける

清水　思想を深めた人間の判断基準は、そう簡単にはブレないような気もします。

小林　その「ブレる」という言葉には、いい意味と悪い意味があるんですよ。もちろん朝令暮改《ちょうれいぼかい》でブレまくるのはダメだけど、極端な話、赤ん坊のときから考えがブレない奴はおかしいでしょ(笑)。小学生や中学生のときからブレないのも問題がある。じゃあ、人間はどこで確固たる揺るぎない考えを持つのかといったら、じつは死ぬまで完成しないのよ。そのほうがいいんだよね。**延々と思想を深め続けて、そのまま生涯を終えるのがいい**のであって、「よし、これでおれの思想は完成した!」というのはおかしい。それは思考停止になるのと同じでしょう。そうなったら、もう本を読むこともなくなるわけで。

清水　そういえば先生は、「思想」と「運動」の違いについてもおっしゃっていましたよね。**思想家は考え続けるけど、運動家は考えるのをやめて行動を起こす**のだと。

小林　考えるのをやめた運動家の思想は「教義」になってしまうんだよね。たとえば若かりしころにマルクス主義にハマって学生運動を始めた連中は、いまだにそれを教義として信奉して、またSEALDsなんかと一緒にデモをやってるわけ。

清水　昔、柔道の山下泰裕《やましたやすひろ》＊72さんとお会いしたことがあるんです。二〇三連勝という大記録を持つ柔道家ですが、格闘技でそんなに負けないのは、異常なことなんですよ。だからこんな質問をしたんです。「連勝しているときは何を考えていたんですか。次は負けちゃうんじゃないかと不安になったりはしなかったんですか?」って。

そうしたら、「勝ち負けにはそんなにこだわっていなかった」というんです。自分の中でイメージする理想の柔道を追求していると、稽古すればするほどそれに近づくんだけど、そうなるとまた理想が遠くなっていく。それを追いかけているうちに、終わってみたら二〇三連勝していたんだそうです。でも、きっと理想の柔道は未完のままなんでしょうね。

小林　なるほど。やっぱり、最後まで完成はしないんだね。だから、「もうおれは絶対にブレない」なんていってはいけないんだよ。

清水 むしろブレながら高みを目指していくようなイメージでしょうか。

小林 **つねに「これでいいのか？」と問い続けることが必要**でしょうね。成長できなくなった人間はそれをしないから、成長している人間を見て「ブレてる、ブレてる」と嘲笑するんですよ。わし、ネトウヨからもネトサヨからも「ブレてる」といわれ続けてるからね。「前は産経新聞に出ていたのに、こんどは朝日新聞か。小林もブレてるな」とかいうんだよ(笑)。意味がわからんよね。ネトウヨは産経新聞にしか出ない人間を「ブレないから信用できる」と思い、ネトサヨは朝日新聞にしか出ないやつを評価するの。

清水 それじたいが完全な思考停止ですよねぇ。

小林 わしは、ナニ新聞だろうが自分の考えを話すだけだから関係ないんだよ。

＊72 山下泰裕（一九五七‐）公式戦二〇三連勝のほか、対外国人選手では生涯にわたって無敗という大記録を持つ柔道家。一九八四年のロサンゼルス五輪で金メダルを獲得。

ポジション・トークではなく「公論」をせよ

清水　先生は「ゴー宣道場」にも左翼系の人を呼びますよね。自分とは異なる意見を聞く姿勢を持っている。なかなかできないことだと思います。先生は「公論」の重要性についてもしばしば語られますが、異論に耳を傾けるのもまさに「公論」のためですよね。

小林　前にも話したとおり、いまは右と左がタコツボ化してお互いにブロックし合ってるからね。そこで立場を固定してポジション・トークをしているだけ。**それぞれの陣営を守るための議論では、「公」のための議論にならない**でしょ。

清水　たしかに、テレビの討論番組を見ていても、自民党の議員は自民党の立場でしか話をしません。だから、聞いていても議論に発展がなくて、まったく面白くないんですよ。でも「ゴー宣道場」は、党派性を超えた日本人にとっての「公論」の場ですよね。

小林　現状では日本人がまともな「国民」にもなっていないから、まずは日本人として公論をやらなければしかたがないですよね。だけど本当は、世界全体を視野に入れた公論もありえるんです。たとえばシリア問題は日本とは直接の関係はないけど、世界平和を考えるなら他人ごとではないでしょ。

清水　公論の「公」の範囲をどう設定するかということですね。

小林　そう。**世界大の公論をするなら、たとえばロシアがシリアを空爆したことの是非もきちんと考えなければいけない。**米国も空爆をしたけど、こちらはロシアと違ってアサド政権を潰そうとするわけですよ。独裁的なアサド政権を守ろうとするロシアは往々にして批判されるけど、本当にアサド政権を潰していいのかどうか。だって、反政府軍でシリアを立て直すことができるのかどうか大いに疑問じゃないですか。反政府軍の中にはアルカイダも入っているんだから。そう考えると、ロシアのほうが正しいようにも思えてくる。アサド政権を助けておけば、独裁制とはいえ国はできるんですよ。

清水　なるほど。反政府軍には国をつくるほどの力がない。

小林　もちろん、「イスラム国」にもない。あいつらはムチャクチャだから、潰さなきゃダメですよ。ただ、世界大の公論に歴史観を加えると、「イスラム国」の理屈もわからなくはないんだよね。サイクス・ピコ協定[*73]で欧米諸国が勝手に中東一帯の国境を区切ったのは、やはり無理があった。だから、欧米に反発する気持ちはわかる。だけど現状は暴力がひどすぎて、難民がどんどん発生して不幸になりすぎているから、とてもじゃないが「イスラム国」を容赦するわけにはいかないよね。

清水　そこは現実的に考えないといけないでしょうね。

小林　その難民問題がヨーロッパでも深刻化しているのが現実なんだから、まずは難民が出ないようにシリアを安定させるのが先決でしょう。だったら、とりあえず独裁政権でもかまわない。そう考えるロシアのほうがリアリズムとして正しいかもしれないのよ。それに、「イスラム国」と反政府軍を壊滅させるのは空爆だけでは無理で、最後は地上軍を投入しないといけないでしょう。これはすごい犠牲が出るから、それをロシアにやらせればいいいんだよ。シリアが安定したうえにロシアも衰弱するんだから、一石二鳥(笑)。

清水　なるほど、そこまで計算に入れるんですね。

小林　わしはそこまで考えてしまうね。ともあれ、公論として大事なのは、**どうすればいちばん中東を安定させられるかを考えること**。日本では識者もジャーナリズムも「米国のやることが正しい」とか「独裁政権は許さない」という思考停止のポジション・トークしかしないけど、それではひたすら難民が出まくって事態が混迷するばかりなんだよ。

清水　やはり「公」の範囲を広くとらえることが大事ですね。

小林　こういう世界大の公論を考えておけば、日本がまともな独立国家になったとき、米国にその立場から意見することができるんですよ。「あんたらは反政府軍を助けているけど、そこにアルカイダも入ってるよ？　それでいいの？」と。だって、イラクでの失敗も、サダム・フセインの独裁政権を倒したのがマズかったんだからね。それを踏まえて「やはりアラブは、とりあえず独裁政権でまとめるしかないでしょ？」と米国を説得するのが、本来あるべき独立国家の役割。でも、いまの日本は独立国じゃないから何もいえないの。

清水　国際社会での発言権を得るために、国連の常任理事国入りを目指す動きもありますが。

小林　わしも常任理事国になれるならなってほしいですよ。第二次大戦の戦勝国が仕切る国連には、いまだに日本やドイツに対する敵国条項があるからね。常任理事国になれば、それを撤廃することもできるでしょう。だけど、中国やロシアが賛成するわけがないから、難しいよ。「日本を常任理事国にしたら、米国の票がひとつ増えるだけだ」と思われてるからね。

清水　なるほど。だからこそ、**まずは世界大の公論ではなく、日本という範囲での公論が重要になる**んですね。それによって真の独立を果たしてからでなければ、国際社会でも一人前の国として扱ってもらえない。

小林　そもそも一人前の自立した人間があまりにも少ないからね。これをなんとかしなきゃ、まともな国にはなれませんよ。

＊73　サイクス・ピコ協定　第一次世界大戦中の一九一六年五月一六日に、イギリス、フランス、ロシアのあいだで結ばれた、オスマン帝国領の分割を約した秘密協定。

「粋」な人間の三条件とは

清水　長時間の対談、本当にありがとうございました。いままでは作品を読むことで、著者である小林先生と対話をしてきましたが、こうして実際にお会いしてお話をさせていただいても、作品のままのお人柄だったので楽しかったです。

小林　あ、そうなの？

清水　……意外なんですか？

小林　いや、漫画だけ読んでる人は、わしのことをものすごく怖い人間だと思い込んでることが多いんですよ。実際に会うと「そうでもない」と安心するらしい(笑)。

清水　*74 杉浦日向子《すぎうらひなこ》さんの本に、「粋《いき》の三条件」というのがあるんです。ひとつが「なまめかしさ」や「艶《つや》っぽさ」。二番目が「反抗精神」。そして三番目が「あきらめ」や「諦観」。**小林先生は、これらをすべて備えている感じがする**んですよね。

反抗精神があるのはいうまでもありませんし、諦観は別のいい方をすると「執着しない」ということ。たとえば「何があっても米国を支持する」みたいなポジション・トークをする人は、ひとつの考えに執着しているから、あきらめが悪いんです。それに対して、「公論」を掲げる小林先生には執着心がなく、したがっていい意味での諦観がある。それに加えて、漫画の中のキャラにもご本人にも、洒落の効いた艶っぽさがあります。

小林　それ、女の人からいわれたらものすごく嬉しいよね(笑)。

清水　そういうコメントも含めて、粋なんですよ(笑)。いまは野暮《やぼ》な人間が多いから、余計にそういう粋な振る舞いが際立つんだと思います。

小林　わし、粋な奴だったんかー。ひたすらゴーマンで怖いイメージだと思っとった。

清水　ふつうは相反する「ゴーマン」と「粋」が両立してるから面白いんですよ。

小林　まあ、そうはいっても、いちいち「ゴーマンかましてよかですか？」と謙虚にお伺いは立ててるからね（笑）。ときどき、「わしは謙虚すぎるんじゃないか？」と思わなくもない。だって、まったくの正論をいうのに、「ゴーマンかましてよかですか？」って聞く必要ないじゃない。それなのに、わざわざ「ゴーマンかましてよかですか？」を入れてしまうなんて、わしはどこまで謙虚なんだ！　と、自分で自分を責めることがある（笑）。

清水　そこでそんなに葛藤があることは気づきませんでした（笑）。

小林　今回の対談は、わしも面白かったですよ。いろいろと聞いてもらったおかげで、ふだん話さないようなことをたくさん話すことができて、新鮮でしたね。

清水　これをきっかけに、**いままで歴史観や国家論などに興味のなかった層にも広く小林先生の本が読まれるようになるといい**のですが。

小林　このところ、右からも左からも「ブレてる」といわれたりして、世間から見た自分のイメージがどうなっているのかわからない感じにもなっていたんですよ。その意味では、「本のソムリエ」と呼ばれるほどの目利きの方がわしの本を紹介してくれるのは本当にありがたい。

漫画評論家というのもいるけど、あれは読者としての目利きじゃないんですよ。彼らは自分のイデオロギーを主張するために、他人の作品を利用する。もっとも、それ以前に、たいていの評論家はわしの作品を怖がって取り上げようとしないんだけどね（笑）。下手に評論すると右からも左からも弾が飛んでくるから、うかつなことは書けないの。だから、ほとんどアンタッチャブルな存在になっちゃってるんだよね。

清水　評論家にとってのタブーなんですね。

小林　それはそれで困ったことなので、読者の立場で自分の作品を紹介してくれる目利きがいればいいな、と思っていたんですよ。ですから、これからもよろしくお願いします。

清水　こちらこそ、よろしくお願いします。お客さんに薦めたくなる作品を、これからもどんどん描いてください。

＊74　杉浦日向子（一九五八 - 二〇〇五）　江戸風俗研究家としても知られる漫画家、エッセイスト。代表作は『百日紅』（ちくま文庫）、『百物語』（新潮文庫）など。

おわりに――理解者の存在がわしの力になる

小林よしのり

「公論」を作るという名目で「ゴー宣道場」という催しを隔月で開いている。

ネットで「ゴー宣道場」と検索してもらえば、ホームページがすぐ探せると思う。

この道場に参加してくれる人は、中学生から年配者まで、職種はサラリーマン、OL、主婦、シングルマザー、公務員、自衛隊員、自営業、弁護士、マスコミ関係など様々だ。

三分の一は「門弟《もんてい》」、三分の一は「門弟以外の複数回参加者」、三分の一は「新規参加者」という構成に毎回なっている。

門弟になった人の一部は、「メーリングリスト」で意見や情報の交換をしたり、「ゴー宣道場」の設営隊募集をしたりしている。設営を担ってくれる人がいなければ、そもそも開催できないので、貴重な仕事を率先してやってくれる門弟には感謝している。

「ゴー宣道場」の参加者のほとんどは「現場を持つ一般庶民」だが、**わしはこの人たちにずいぶん学ばせてもらっている。**

みんな『ゴーマニズム宣言』の大ファンだが、中には『東大一直線』や『おぼっちゃまくん』からのファンもいる。

ふだんの暮らしの中で、仕事や、生活や、子育てに追われながらも、マスコミやネットの「情報」だけに流されずに、二か月に一回くらい「知恵」や「思想」に触れて「公」のための議論をしておこうという人たちが集っている。

地方に住んでいて、会場に来られない人でも、ネットの生放送で見ることができる。

わしは「ゴー宣道場」で、「現場を持つ一般庶民」を啓蒙《けいもう》してやろうという尊大な感覚はない。むしろ「現場を持つ一般庶民」の感覚を確認して、自分の意見が机上の空論にならないように、日本人の常識の杭《くい》に繋《つな》ぎ止めてもらっている。

それどころか実は門弟女性たちの感覚には大いに影響されてしまっていると告白しよう。

「ゴー宣道場」は男性の人数の方が多い。稀少《きしょう》な女性が門弟になり、メーリングリストで意見を交わしたりしているのだが、その文章力といい、思考の論理性といい、情感とのバランスといい、**正直言って女性の方が優秀で男性を圧倒している**。

わしは福岡出身なので、九州の男尊女卑の風土の影響を受けていて、女性の立場というものに疎かった。

それが最近では、都議会で女性議員にセクハラ・ヤジを飛ばす男性議員に怒り、「保育園落ちた、日本死ね」と書いたブログに共感する母親たちの心情に大いに同情し、これに対して国会でヤジを飛ばす議員たちに憎悪を覚えるまでに、フェミニストに変わってしまった。

それは「ゴー宣道場」の門弟女性の影響なのである。

子育ての厳しさ、将来への不安の大きさ、平凡な暮らしがしたいと願う一般女性たちの思いが、わしの考え方を変化させてしまった。

知識人といえども常識のない人はいるし、一般庶民といえども現場で奮闘する中から得た知恵は深い。

清水克衛氏は知名度のある言論人でも文化人でもない。一書店の店長である。だが「本のソムリエ」とも言われている人だ。

清水店長から受け取った手紙には、小林よしのりが世間から誤解されていることが惜しいと書いてあり、なんと「中庸」の精神があるとまで評価してくれていた。

わしは自分自身が「中庸」の精神があるなどとは烏滸《おこ》がましくてとても言えないが、そのように評価してくれる人もいてくれるのは、どこか安堵《あんど》する面がある。

そのような人が自分の書店で小林よしのりの著作を薦めてくれていて、現に読者を増やしているというのは、素直にありがたいと思うし、そんなことができるのだろうかと不思議に思った。一体、どんな店長なんだ?

イースト・プレスという出版社が二人の対談を望むと言うのなら、やってみてもいいかと思った。

右派からも左派からも攻撃される身分となって、理解者がいるということは、あり

がたいことである。

社会問題を憂いて議論するのではなく、知的な読者から見た小林よしのり像を聞いてみるのも面白そうだし、読書との関わりや、ネットの登場と書籍の関係性について、そして生き方や哲学、道徳などについて、語り合うのも愉快そうだ。

というわけで、清水店長に会ったのだが、その人柄の温厚なこと、すぐに安心感で満たされた会話となって、本書が完成した。

この対談本を企画してくれた出版社、イースト・プレスの石井晶穂氏、わしの話をいつも見事にまとめてくれるライターの岡田仁志氏に感謝します。

孤独《こどく》を貫《つらぬ》け

2016年5月27日　第1刷発行

著　者　小林《こばやし》よしのり
清水克衛《しみずかつよし》

編　集　石井晶穂
発行人　北畠夏影
発行所　株式会社イースト・プレス
〒101-0051
東京都千代田区神田神保町2-4-7久月神田ビル8F
TEL：03-5213-4700　FAX：03-5213-4701
http://www.eastpress.co.jp
印刷所　中央精版印刷株式会社

ISBN 978-4-7816-1407-6